Unser Dorf ein Denkmal?

Landschaftsverband Rheinland

Mitteilungen aus dem
Rheinischen Amt für Denkmalpflege
Heft 8

Gedruckt mit Unterstützung des
Ministers für Stadtentwicklung, Wohnen und Verkehr
des Landes Nordrhein-Westfalen

Unser Dorf
ein Denkmal?

1988
Rheinland Verlag GmbH · Köln
in Kommission bei
Dr. Rudolf Habelt GmbH · Bonn

Rheinland-Verlag GmbH · Köln

Rheinland-Verlag- und Betriebsgesellschaft
des Landschaftsverbandes Rheinland mbH
Abtei Brauweiler · 5024 Pulheim 2
© Rheinisches Amt für Denkmalpflege
Redaktion: Jörg Schulze
Gestaltung: Gregor Kierblewsky
Lithos: Peukert, Köln
Druck: Gronenberg, Gummersbach
ISBN 3-7927-1037-4

Inhalt

Vorwort des Herausgebers 7

Jörg Schulze
Bewußtseinswandel auf dem Dorf? 9

Octavia Zanger
Dorflandschaften in der Nordeifel 22

Erik Roth
Louisendorf — eine planmäßige Dorfgründung im Rheinland 31

Ulrich Stevens
Die niederrheinische Bauernzeile in Schwalmtal-Lüttelforst 36

Dieter Spiegelhauer
Denkmalbereich Alfter-Gielsdorf 39

Andreas Stürmer
Witzhelden — Probleme bei der Ausweisung eines Denkmalbereiches 42

Erhaltung historischer Hofanlagen 45

    Dieter Spiegelhauer
    Hennef-Lanzenbach 45

    Lutz-Henning Meyer
    Selfkant-Tüddern 46

    Octavia Zanger
    Zülpich-Bürvenich 48

    Octavia Zanger
    Zülpich-Juntersdorf 49

Jörg Schulze
Finanzierungshilfen und Steuervergünstigungen für die
Denkmalerhaltung auf dem Dorf 51

Denkmäler und kulturelles Erbe im ländlichen Raum 55
Stellungnahme der Vereinigung der Landesdenkmalpfleger
in der Bundesrepublik Deutschland

Vorwort

Am 12. Juni 1987 wurde in Lissabon die Europäische Kampagne für den ländlichen Raum eröffnet, die der Europarat mit seinen Mitgliedstaaten 1987 und 1988 veranstaltet hat. Der Hintergrund dafür war die gemeinsame Erkenntnis, die ländlichen Regionen stehen in ganz Europa schon seit einiger Zeit in einen ökonomischen, ökologischen und kulturellen Umbruch. Die allgemeinen wirtschaftlichen, sozialen und siedlungsstrukturellen Entwicklungen bergen die Gefahr, daß der ländliche Raum gegenüber den Verdichtungsräumen immer weniger Menschen gleichwertige Lebensbedingungen bieten kann.

Hierbei kann die Denkmalpflege eine wichtige Rolle spielen, indem sie dazu beiträgt, die kulturelle Identität, die in wesentlichem Umfang auf dem baulichen Erbe gründet, trotz technischer Innovationen und veränderten Produktionsverhältnissen angemessen zu bewahren. Die Denkmäler nämlich prägen immer noch nachhaltig das eigenwillige Gesicht unserer Dorflandschaften.

Insbesondere für das Rheinland und die Rheinische Denkmalpflege bedeutet der ländliche Raum mit seinen zum Teil seit römischer Zeit tradierten Dorflagen eine stete Herausforderung. Während Dreiviertel der Fläche der Bundesrepublik Deutschland zum ländlichen Raum gehören, stellt das Rheinland von seiner Raum- und Siedlungsstruktur einen der größten Verdichtungsräume überhaupt dar, der entscheidend bestimmt wird von altindustrialisierten Regionen, zahlreichen Kernstädten und hochverdichtetem Umland.

Gerade die ständige Inanspruchnahme der hiesigen Denkmalpflege durch die Kraft der großen Städte erzeugt eine Bringschuld gegenüber dem ländlichen Raum, der vielzuoft als Ort der Folklore und als Biofilter unserer Industriegesellschaft mißverstanden und verniedlicht wird. Es ist deshalb eine erfreuliche Entwicklung, daß neuere Maßnahmen im Rahmen der Dorferneuerung den eigenständigen Charakter des Dorfes zunehmend respektieren und fördern. Dem Landesamt für Agrarordnung in Münster und seinen für das Rheinland zuständigen Ämtern für Agrarordnung gebührt in diesem Zusammenhang Dank für die wachsende Kooperationsbereitschaft zum Wohl des dörflichen Bereiches und die Unterstützung denkmalpflegerischer Belange in zahlreichen Einzelfällen. Auch dem Minister für Umwelt, Raumordnung und Landwirtschaft sowie der Landwirtschaftskammer Rheinland fühlen wir uns verpflichtet, vor allem in dem Bemühen, dem Wettbewerb „Unser Dorf soll schöner werden" verstärkt das Ziel einer Erhaltung historischer Werte anstelle einer vermeintlichen Verschönerung von alltäglicher Vergänglichkeit vorzugeben.

So will auch dieses Heft dazu beitragen, eine breite Öffentlichkeit für die Gefahren wie Chancen und die unwiederbringlichen Werte des ländlichen Raumes, seine immense Rolle für die Lebensqualität aller Menschen deutlich werden zu lassen. Das Rheinische Amt für Denkmalpflege hat neben dieser Publikation durch die Mitwirkung an einem Gespräch mit Agrarjournalisten, gezielte Aufsätze und vermehrte Vorträge zum Thema sowie schließlich eine Pressefahrt vor Ort seinen Beitrag zur Europäischen Kampagne leisten wollen.

Herzlich zu danken habe ich allen Mitarbeitern im Amt, die dabei mitgewirkt haben, vor allem denen, die schließlich diese Veröffentlichung erarbeitet haben, allen voran Dr.-Ing. Jörg Schulze, der überdies freundlicherweise die Schriftleitung übernommen hatte.

Es bleibt sehr zu hoffen, daß dieser weit angelegten und von etlichen Institutionen getragenen Aktion ein ähnlicher Erfolg beschieden sein möge wie seinerzeit dem Europäischen Denkmalschutzjahr 1975.

Udo Mainzer

Abtei Brauweiler am 1. November 1988

Bewußtseinswandel auf dem Dorf?

Jörg Schulze

Die rasanten und einschneidenden Änderungsprozesse im ländlichen Raum konfrontieren die Denkmalpflege heute mit einer Aufgabe, die lange Zeit vernachlässigt wurde. Denkmalpflege auf dem Lande ist zwar so alt wie die Denkmalpflege selbst, sie beschränkte sich aber sehr lange auf die Fürsorge für bedeutende Einzelobjekte.

Ein minderer Grad denkmalpflegerischer Zuwendung für das Dorf war durchaus vertretbar, solange die bäuerlichen Lebens- und Wirtschaftsbedingungen nur einem mäßigen Anpassungsdruck an moderne Entwicklungen ausgesetzt waren und solange ein lebendiges Traditionsbewußtsein einen nahezu bruchlosen Übergang des ländlichen Erbes in die Zukunft zu erlauben schien. Selbst die radikalen wirtschaftlichen und gesellschaftlichen Änderungen des industriellen Aufschwungs im 19. Jahrhundert hatten die relativ ruhige kontinuierliche Entwicklung der meisten Dörfer kaum beeinträchtigt. Zwar wurden damals in den neuen Industrierevieren viele Dörfer von den wachsenden Großstädten aufgesogen, aber dabei handelte es sich um einen Prozeß, der seit der Gründung der ersten Städte vielerorts und immer wieder abgelaufen war. Seine besondere Intensität bedeutete selbst für stark betroffene Regionen wie das nördliche Rheinland keine grundsätzliche Existenzgefährdung der Siedlungs- und Lebensform „Dorf".

Das gilt auch für die frühen Bemühungen zur rechtlichen und funktionsbezogenen Neuordnung des landwirtschaftlichen Grundbesitzes. Bereits im letzten Drittel des 18. Jahrhunderts gab es erste Versuche zur Aufteilung der bis dahin gemeinschaftlich genutzten Flächen, der sogenannten Gemeinheiten[1]. Die ersten Flurbereinigungen im

Abb. 1 — Weinbergflurbereinigung bei Bad Honnef-Rhöndorf unterhalb des Drachenfels

Abb. 2 — Monschau-Hofen, typische Rotbuchenhecke der Hocheifel

Rheinland wurden unter Vermittlung der kurkölnischen Regierung in den Jahren 1786-90 vor allem mit dem Ziel durchgeführt, ein funktionsfähiges Wegenetz zu schaffen. Dies blieb auch für das 19. Jahrhundert das vordringlichste Anliegen der Flurbereinigung, waren doch nach Aufhebung des Flurzwanges viele Bauern mangels geeigneter Feldwege gar nicht in der Lage, die neuen Freiheiten zu nutzen.[2]

Die Aufteilung der Gemeinheiten, Verbesserungen des Wegenetzes und die Reduzierung der ursprünglich vorhandenen Parzellenzahl (im Verhältnis von etwa 3 bis 4:1 bei durchschnittlichen Flurbereinigungen) führten allerdings an vielen Orten schon im Laufe des 19. Jahrhunderts zu einem Verwischen der überlieferten Flurteilungen.[3]

Von den Rationalisierungsmöglichkeiten profitierten nicht nur größere Betriebe, sondern auch viele Besitzer kleinerer Hofstellen. Sie konnten überzählige Arbeitskräfte an die aufblühende Industrie abgeben und so zugleich ihre eigene Versorgung verbessern. Die überlieferten Regeln der Landeskultur wurden durch diese Entwicklung nicht in Frage gestellt, noch die von vielen Einzelbetrieben getragene Wirtschaftsgemeinschaft des historischen Dorfes.

Demgegenüber bedeuteten die Strukturveränderungen der Landwirtschaft nach dem 2. Weltkrieg einen viel schwerwiegenderen und grundsätzlicheren Einschnitt. Mechanisierung und Chemisierung führten zu enormen Produktivitätssteigerungen und damit zu einer drastischen Reduzierung der Haupterwerbsbetriebe. Da die vorhandenen Baustrukturen den gestiegenen Anforderungen der Agrarproduktion nicht mehr genügten, wurden die verbliebenen Betriebe großenteils ausgesiedelt. Damit entfiel für viele Dörfer die wesentliche Grundlage ihrer wirtschaftlichen Existenz und für die überlieferten Bau- und Bewirtschaftungsstrukturen die Basis der Erhaltung. Die funktionslos gewordene Bausubstanz war einem schleichenden Verfall ausgesetzt, der häufig mit dem Abbruch endete.

Der letzte Akt der Zerstörung begann mit der Entdeckung der ländlichen Orte als billige Baulandreserve für Wohnbauten und Industrieansiedlungen. Die rasante Einkreisung der historischen Bereiche mit einem Konglomerat spießiger Hausmacher-Architektur, banaler Katalogbauten und kitschiger Traditionsimitate wurde begleitet von einem Siegeszug pflegeleichter Ersatz-Natur und perfektionierter Straßenbauten.

Während sich die historischen Ortslagen so allmählich zu Wohnstandorten mit vorstädtischem Gepräge wandelten, schuf man in der Feldflur durch eine rigorose Flurbereinigung, die über die Eingriffe des 19. Jahrhunderts erheblich hinausging, die Voraussetzungen für das optimale Funktionieren der mechanisch-chemischen Landwirtschaft. Mit der großflächigen Korrektur historischer Flurteilungen, mit der Beseitigung von Hecken und Obstwiesen, mit der Funktionsanpassung von Wasserläufen und Wegen wurden nicht nur uralte Zeugnisse der Landeskultur vernichtet, sondern auch die überlieferten Beziehungen zwischen Dorf und umgebender Feldflur weitgehend zerstört.

Es ist eine logische Konsequenz dieser Entwicklung, daß das Dorf im Rahmen der Gebiets- bzw. Verwaltungsreform schließlich städtischen oder doch zumindest stadtähnlichen Gebietskörperschaften unterstellt wurde. Mit diesem Schritt wurde formalrechtlich besiegelt, was durch den weitgehenden Identitätsverlust in der Praxis längst geschehen war: Die Abschaffung des historischen Dorfes.[4]

Die Einbuße ihres geschichtlichen Inhalts bildet auch für die noch vorhandenen Reststrukturen der überlieferten ländlichen Lebensräume eine

Abb. 3 — Wesel-Bislich, Niederrhein, bei Hochwasser

permanente ernste Gefährdung. Diese Gefährdung ist umso größer, als das Dorf und seine durch menschliche Eingriffe gestaltete Umgebung bisher kaum als historische Kulturleistung gesehen werden.

Allzu lange stand einer angemessenen Bewertung und Behandlung ländlicher Ensembles ein spätbürgerliches Geschichts- und Denkmalverständnis im Wege, das von der Überlegenheit städtischer Kulturformen geprägt war. Erst allmählich zeigt sich eine Ablösung von diesem Vorurteil, von dem auch die Fachdenkmalpflege nicht ganz frei war. Für Nordrhein-Westfalen wurde die Gleichbewertung ländlicher und städtischer Objekte inzwischen in der Begriffsbestimmung des Denkmalschutzgesetzes eindeutig festgeschrieben. Dort stehen volkskundliche Erhaltungsgründe gleichberechtigt neben künstlerischen und wissenschaftlichen Gründen; Siedlungen und von Menschen gestaltete Landschaftsteile haben grundsätzlich den gleichen Erhaltungsanspruch wie Städte.[5]

Um diesen allgemeinen Erhaltungsanspruch im Einzelfall qualifiziert zu begründen, bedarf es jedoch noch erheblicher Anstrengungen der Forschung. Nennenswerte Grundlagen existieren bisher allenfalls in der volkskundlichen Hausforschung und Gefügekunde. Wesentlich schlechter stellt sich die Situation schon auf dem Gebiet der dörflichen Siedlungsstruktur dar. Untersuchungen aus der Siedlungsforschung und Siedlungsgeographie über die Typologie von Orts- und Flurnamen stehen relativ beziehungslos neben den auf Quellen und Urkunden aufbauenden Forschungen der Geschichtswissenschaften über die Entwicklung des Rechtswesens. (Eine integrierende Betrachtung der ohnehin sehr lückenhaften Forschungsergebnisse mit den überlieferten Beständen historischer Dorfstrukturen steht noch weitgehend aus.)

Die Kunstgeschichte schließlich hat bisher keine nennenswerten Beiträge für die Bewertung des ländlichen Kulturerbes geliefert.[6] Daß die Maßnahmen und Programme anwendungsbezogener Disziplinen wie Architektur, Stadtplanung und Dorferneuerung unter diesen Umständen nur ein diffuses Spiegelbild herrschender baulicher und städtebaulicher Modeströmungen darstellen, aber keine wirklichen Beiträge zur Erhaltung ländlicher Kulturdenkmäler, kann eigentlich nicht verwundern.

Auch Hoffnungen auf einen schnellen Bewußtseinswandel durch die Anstöße der europäischen Kampagne für den ländlichen Raum scheinen —

Abb. 4 — Nümbrecht-Bruch

gerade nach den Erfahrungen mit dem Denkmalschutzjahr 1975 — kaum gerechtfertigt. Im nachhinein wird nämlich erkennbar, daß der am Jahr 1975 festgemachte Einstellungwandel zugunsten des historischen Erbes nur scheinbar stattgefunden hat. Der Unterschied in der Behandlung historischer Substanz gegenüber der Zeit vor dem Denkmalschutzjahr besteht darin, daß Denkmäler heute nicht mehr durch Abbruch vernichtet werden, sondern durch ignoranten Umbau verstümmelt. So gehen bei Gesamtsanierungen heute regelmäßig 40 — 90 % der vorhandenen Substanz verloren.

Wenn die Denkmalpflege ihrem Ziel einer ganzheitlichen Dorferhaltung näher kommen will, muß sie demnach zunächst Forschung initiieren, die die geschichtliche Aussage ländlicher Kulturdenkmäler näher analysiert und damit zugleich das Erhaltungsinteresse einer breiten Öffentlichkeit begründet. Dies gilt nicht nur allgemein, sondern für jedes einzelne Dorf. Solange keine neuen umfassenden Erhaltungskonzepte aufgrund solider Bestandsaufnahmen entwickelt worden sind, sollten alle irreversiblen Eingriffe an historischen Gebäuden und Strukturen unterbleiben. Wie wichtig die eingehende historische Analyse ist, zeigt sich gerade darin, daß fast alle an der Dorfplanung und Dorferneuerung Beteiligten auch ohne nähere Untersuchungen vorgeben zu wissen, was dorfgerecht und für die weitere Entwicklung des Dorfes angemessen ist. Die dabei zutage tretenden Vorstellungen entpuppen sich bei näherem Hinsehen aber meist als ein Konglomerat eigentlich unvereinbarer, widersprüchlicher Konzepte, in dem modische Ideen des vorstädtischen Wohnens kombiniert werden mit den verbogenen Idealvorstellungen einer konfektionierten Dorfnostalgie und eingebettet in den Wunschtraum vom Leben in einer agrarisch genutzten aber gleichwohl städtisch sauberen und ökologisch intakten Umwelt.

Die Denkmalpflege darf sich aber nicht von irrealen Wunschbildern leiten lassen, noch ihrerseits die Fehlurteile eines sentimental idealisierten Dorfbildes bestärken. Ihr Ziel ist einzig die Erhaltung authentischer Zeugnisse der dörflichen Realität. Gefälligkeit, Idylle oder Schönheit sind dabei allenfalls angenehme Nebeneffekte. Denkmalpflege ist kein Helfer zur Flucht aus einer ungeliebten Gegenwart in eine anachronistische Scheinwelt, sondern ungeschminkte Aufklärung über unsere Vergangenheit auch und gerade dann, wenn diese Vergangenheit unseren Vorurteilen, unserem Selbstverständnis oder unserem Schönheitsempfinden widerspricht.

Ein authentisches Bild des historischen Dorfes ist

Abb. 5 — Überzogene Verkehrsplanung in Wesel-Bislich. Der perfekte Dorf-Park-Platz ohne ein einziges Auto

zunächst einmal ein vollständiges Bild. Die Erhaltungsbemühungen dürfen daher nicht auf wenige herausragende oder gefällige Bauten wie etwa Kirche und Gasthof reduziert werden. In dem sozioökonomischen Gebilde des historischen Dorfes spielte Gleichheit eine besondere Rolle; mit der Aufgabe der Durchschnittsbauten würde man auf einen wesentlichen Faktor für die Erkenntnis der historischen Wirklichkeit verzichten.

Wie der Bauernhof nicht nur Siedlungs-, sondern auch Wirtschaftseinheit ist, kann das historische Dorf aber auch nicht nur als Summe von Gebäuden verstanden werden. Es umfaßte ebenso Gärten, Obstwiesen, Felder, Wälder und Weiden, also die gesamte Wirtschaftsfläche. Dazu gehörten auch die gemeinschaftlich genutzten Wege, Gewässer, Wiesen, Hutungen, Wälder und Lehmgruben. Wesentliche Aspekte der historischen Botschaft eines Dorfes werden nur dann verständlich, wenn man die funktionsbedingten Strukturen in die Betrachtung mit einbezieht, mit denen die Bauern den Naturraum im Umfeld ihrer Ansiedlung für die Bewirtschaftung erschlossen haben. So liegt die geschichtliche Bedeutung des Dorfes Kalterherberg am Rande des Hohen Venn eben nicht nur in der Existenz der wenigen noch verbliebenen Vennhäuser und für diese Landschaft typischen Rotbuchenhecken. In dem Gefüge der heckenumsäumten Hufen, die die langgezogene Reihe der Hofstellen zu beiden Seiten der Dorfstraße begleiten und in den erhaltenen Wegen des Viehtriebes wird zugleich die alte Wirtschaftsstruktur des Dorfes sichtbar.

Besonders deutlich läßt sich der Zusammenhang zwischen naturräumlichen, baulichen und wirtschaftsfunktionalen Strukturen an der niederrheinischen Bauernzeile ablesen, wie sie etwa in Schwalmtal-Lüttelforst bis heute erkennbar geblieben ist. Ihr Prinzip besteht darin, daß an eine Straße parallel zum Hang einer Geländeterrasse nur einseitig Höfe angebaut werden. Die zugehörigen Hufen reichen quer über die Straße, so daß jeder Bauer in der Talaue hofnahe Weideflächen und auf der Terrasse Ackerland bewirtschaften konnte. Funktionale Aspekte werden aber auch in ganz anders gearteten Anlagen deutlich, etwa in dem Dorf Saeffelen im Selfkant, dessen von Obstwiesen umsäumte geschlossene Hofanlagen einen wohl ursprünglich gemeinsam bewirtschafteten Anger umgeben oder in den Streusiedlungsgehöften am Niederrhein, die zum Schutz vor dem alljährlichen Hochwasser auf künstlichen Hügeln errichtet wurden.

Die Beispiele machen deutlich, daß Dörfer im Gegensatz zu den durch Mauern umschlossenen

Abb. 6 — Überzogene Verkehrsberuhigung in Bergisch-Gladbach-Rommerscheid nach städtischem Vorbild

und von der Umgebung, klar abgegrenzten historischen Städten über ihre bebauten Flächen hinausreichen. Entsprechend muß auch der Erhaltungsanspruch über die engeren Ortslagen hinausreichen in die für die Dorfgestaltung bestimmende bzw. die vom Bauer mitgestaltete Kulturlandschaft. Dies gilt zumindest für die nähere dörfliche Umgebung, in der sich die Kulturlandschaft, die ja unser gesamtes Land umfaßt, in besonderer Weise verdichtet.

Ein authentisches Bild des historischen Dorfes ist aber auch ein möglichst unverfälschtes Bild. Damit soll keineswegs gesagt werden, daß die Denkmalpflege jede weitere Entwicklung verhindern will — Entwicklung ist ja unerläßlich, um die Denkmäler zu nutzen und zu erhalten — wohl aber, daß sie allen zerstörerischen, unnötig verändernden und willkürlich täuschenden Eingriffen in das Dorfgefüge entgegentreten muß. Dies gilt sowohl für Maßnahmen an den erhaltenen historischen Gebäuden als auch für Neubauten, die sich in den Bestand einfügen sollen, ohne zu imitieren. Es gilt aber ebenso für die Strukturen des dörflichen Umraumes bis in die Feldflur.

Die Realisierung dieses weitgefaßten denkmalpflegerischen Anspruchs stößt in der Praxis auf erhebliche Schwierigkeiten. In den meisten Dörfern, vor allem in stadtnahen Bereichen, haben sich die historischen Strukturen ohnehin schon so weitgehend verändert, daß eine umfassende denkmalpflegerische Fürsorge über einzelne Hofstellen hinaus kaum mehr sinnvoll erscheint. Aber auch die wenigen noch gut erhaltenen Dörfer sind stark gefährdet. Bis in die jüngste Vergangenheit wurden zerstörerische Entwicklungen und Maßnahmen teilweise im Namen der Programme initiiert oder abgewickelt, die dem Dorf eigentlich helfen sollten.

Dies gilt auch für die Dorferneuerungsprogramme. Die derzeit in Nordrhein-Westfalen gültigen „Richtlinien zur Förderung der Dorferneuerung" verfolgen drei wesentliche Zielsetzungen:

— Eine umfassende Verbesserung der Agrarstruktur.
— Die Gestaltung der ländlichen Orte entsprechend den gegenwärtigen und zukünftigen Erfordernissen.
— Die Erhaltung der Eigenart des ländlichen Ortes.[7]

Die grundsätzliche Widersprüchlichkeit dieser Anliegen kann in der Praxis nur selten und teilweise ausgeglichen werden, zumal die Durchschlagskraft eingespielter Planungsroutine und rationaler

Baudurchführung für die Bewahrung vieler unscheinbarer aber wichtiger Details nur wenig Spielraum läßt. Die Priorität der Landwirtschaft erscheint zunächst wie eine Wiederanknüpfung an die sozioökonomische Ordnung des alten Dorfes. Bedenkt man aber, daß damit die fortgesetzte Anpassung der Feldflur an eine moderne agrarindustrielle Massenproduktion gemeint ist, so läßt sich leicht ausmalen, welche negativen Auswirkungen derartige Strukturverbesserungen für den Bestand der historischen Kulturlandschaft haben werden. Die zu erwartenden Zerstörungen sind umso schmerzlicher, als sich die Diskrepanz zwischen den schon heute von der Allgemeinheit zu tragenden Kosten der Landschaftszerstörung und dem fragwürdigen Nutzen der landwirtschaftlichen Überproduktion in Zukunft eher noch verstärken dürfte. Außerdem ist zu befürchten, daß die Entwicklung der Biotechnologie die Rolle der Bauern für die Nahrungsmittelproduktion schnell weiter vermindern wird.[8]

In den letzten Jahren hat unter dem Druck einer zunehmend kritischen Öffentlichkeit allerdings ein Umdenkungsprozeß begonnen, der den bisherigen Raubbau in Frage stellt. Dabei wird Landschaft vielfach als reiner Naturraum gesehen, den es nach ökologischen Gesichtspunkten zu bereichern gelte. Solche Auffassungen stimmen mit der Realität unserer Kulturlandschaft zwar nur annähernd überein, doch scheint es, daß sich hier längerfristig eine Einstellung entwickeln könnte, die es erlaubt, die Belange der Denkmalpflege in der gestalteten Landschaft stärker zu berücksichtigen. Dazu gehört auch die Perspektive, bäuerliche Arbeit wieder mehr als Landschaftspflege zu betrachten. Flächenstillegungen enthalten für die Denkmalpflege dagegen kaum positive Aspekte, denn die Kulturlandschaft bedarf für ihren weiteren Fortbestand einer kontinuierlichen Pflege.

So sehr agrarstrukturelle Verbesserungen bei den bestehenden Bewirtschaftungsmethoden demnach als grundlegende Zielsetzung der Dorferneuerung in Frage gestellt werden müssen, so unklar bleibt die Formel von der Gestaltung der ländlichen Orte entsprechend den gegenwärtigen und zukünftigen Erfordernissen. Ob sich diese Zielsetzung positiv oder negativ auswirkt, ob sie zur Bestandssicherung beiträgt oder nur zur Fortführung der Zerstörung, hängt weitgehend davon ab, was unter den „Erfordernissen" verstanden wird. Betrachtet man einen Querschnitt der Dorferneuerungsmaßnahmen der letzten Jahre, so läßt sich daraus eigentlich nur schließen, daß mit „Berücksichtigung der gegenwärtigen und zukünf-

Abb. 7/8/9 — Dorfzerstörung durch übertriebene Perfektionierung, Rheinbach Flerzheim 1925, 1940 und 1986

tigen Erfordernisse" eine Beschleunigung der ohnehin wirksamen Tendenzen gemeint sein kann, d. h. eine Entwicklung ländlicher Orte zu Wohnsiedlungen mit nivelliert vorstädtischem Charakter.

Grundlage entsprechender Planungen und Maßnahmen ist regelmäßig die Argumentation, daß die Einwohner ländlicher Regionen wegen des Fehlens städtischer Infrastrukturen benachteiligt seien und in ihrem berechtigten Anspruch auf Gleichstellung unterstützt werden müßten. Dabei scheint es durchaus fraglich, ob die Anpassung an städtische Standards im Interesse der Dorfbewohner überhaupt ein erstrebenswertes Ziel sein kann. Orte, in denen es wirklich gelungen ist, strukturelle Defizite auszugleichen, zeigen mit drastischer Deutlichkeit, welcher Preis für die Anpassung an die „städtische Lebensqualität" bezahlt werden muß. Eine wesentliche Verbesserung des Arbeitsplatzangebotes, etwa durch Ansiedlung von Industrie oder eine stadtähnliche Verkehrserschließung, ist ohne Beeinträchtigung des Regenerationswertes und der Wohnqualität kaum zu realisieren. Ein Konsumangebot städtischen Zuschnitts drängt nicht nur die spezifischen ländlichen Freizeit- und Festaktivitäten zurück, die sich bislang noch erhalten haben, sondern hat darüber hinaus auch eine zumindest partielle Verstädterung zur Folge. Städtische Standards sind mit den spezifischen Eigenheiten der überlieferten ländlichen Strukturen kaum vereinbar. „Wenn man Naturnähe haben will, muß man Stadtferne in Kauf nehmen. Dies ist sowohl in der räumlichen Distanzierung von der Großstadt zu verstehen wie auch im übertragenen Sinne in der Distanzierung von städtischer Infrastruktur." [9]

Diese Überlegung scheint auch Dorfbewohnern vertraut zu sein. Aus verschiedenen Umfragen ist bekannt, daß sie ihre sozialen Lebensbezüge als besonders positiv bewerten, das Arbeitsplatz- und Dienstleistungsangebot, die Einkaufsmöglichkeiten und die Verkehrsanbindung dagegen als deutlich negativ. Insgesamt sind sie jedoch mit ihrer Situation zufrieden, d. h. Versorgungsmängel werden für die Dorfbewohner durch Wohnqualität und die Lebensgemeinschaft im Dorf reichlich wett gemacht.[10]

Bei realistischer Einschätzung der planerischen, politischen und wirtschaftlichen Möglichkeiten muß man aber wohl davon ausgehen, daß gerade die wesentlichen Strukturschwächen, zumal in der Mehrzahl der stadtfernen Dörfer, auch in Zukunft gar nicht zu beheben sein werden. Eine stadtähnliche Dichte von Arbeitsplatz- und Dienstleistungsangeboten, von Einkaufs- und Ausbildungsmöglichkeiten, von Kultur- und Freizeiteinrichtungen läßt sich nämlich nur bei größerer Einwohnerdichte zu vertretbaren Kosten unterhalten. Auf längere Sicht scheint es noch nicht einmal sicher, ob die öffentliche Hand in der Lage sein wird, den Unterhaltungsaufwand für die zahlreichen Dorfgemeinschaftshäuser zu tragen, seien es nun umgenutzte Denkmäler oder Neubauten.

In Wirklichkeit ist die Beseitigung struktureller Nachteile denn oft auch nicht mehr als ein geläufiges Schlagwort, das dazu herhalten muß, die Hilflosigkeit gegenüber den dörflichen Problemen durch die unnötigen, ja teilweise schädlichen Aktivitäten einer oberflächlichen Dorfkosmetik zu überspielen. Dazu gehört die Anlage überdimensionierter gepflasterter Parkplätze wie der Ausbau unsinniger Fußgängerzonen mit Alleepflanzungen und historisierenden Laternen, Dorfparks und Abenteuerspielplätze am Waldesrand ebenso wie Blumenkübel, Springbrunnen und anderer Schnickschnack aus dem Repertoire phantasieloser und empfindungsloser Stadtplaner.

Das Zerstörungspotential derartiger Maßnahmen ist erheblich; oft vernichten sie die letzten Reste dörflicher Vielfalt und Identität zugunsten eines perfekten, pflegeleichten und langweiligen Katalogdorfes in dem sich die wenigen noch erhaltenen Originaldenkmäler wie Fremdkörper ausnehmen. (Dabei werden die gravierenden Verluste durch keinerlei Gewinn für die Dorfbewohner kompensiert.) Die Denkmalpflege muß sich daher entschieden gegen solche „Strukturverbesserungen" wehren.

In der städtebaulichen Planung ist die undifferenzierte Formel von der Anpassung des Dorfes an gegenwärtige und zukünftige Erfordernisse — teilweise bis in die jüngste Zeit — als Argument für die Ausweisung überdimensionierter Bauflächen mißbraucht worden, die weit über den dörflichen Bedarf hinausgehen. Damit sind die exzessiven Bauorgien erst möglich geworden, die nicht nur die alte Beziehung zur Landschaft und Feldflur beeinträchtigt haben, sondern schließlich auch den Leerstand und Verfall der historischen Gebäude im Ortskern begünstigen. Mehr Rücksichtnahme ist aber nicht nur bei den zentralen Planungen zu fordern, sondern auch von den Dorfbewohnern selbst. Warum darf man jungen Menschen, die ihren Ort so lieben, daß sie unbedingt dort bauen wollen, nicht auch den Umbau historischer Gebäude zumuten? Die Gefahr des „Ausblutens" historischer Dörfer wäre bei einer restriktiven Planung vermutlich viel geringer als die Bedrohung durch eine endlose Kette fauler Kompromisse mit rücksichtslosen Bauherren.

Innerhalb der negativen Gesamtentwicklung des historischen Dorfes gibt es bisher nur wenige positive Aspekte im Sinne der Erhaltung ländlicher Eigenarten. Dazu gehört eine wachsende Zahl von Einzelobjekten, die mit den Mitteln der Dorferneuerung denkmalpflegerisch gesichert werden konnten. Erhaltende Dorferneuerung im Sinne der Denkmalpflege ist also möglich, aber sie setzt das Verständnis der Betroffenen voraus, der zuständigen Politiker, der Planer und nicht zuletzt der Dorfbewohner selbst. In dieser Hinsicht gibt es noch große Probleme, weniger bei bedeutenden Einzelobjekten, als bei der Akzeptanz und Respektierung der historischen Strukturen als verbindliche Vorgaben des Bauens und Gestaltens im Dorf und in seiner Umgebung. Nachdem man den Dorfbewohnern jahrelang eingeredet hat, zum Feiern gehöre unbedingt ein perfekter gepflasterter Dorfplatz, stehen einem Auffassungswandel eben nicht nur überholte Argumente, sondern auch psychische Barrieren gegenüber. Die umfassendste Gefahr erwächst der dörflichen Substanz ohnehin nicht aus der Zwangsläufigkeit bestimmter Entwicklungen, wie das fälschlich immer wieder dargestellt wird, auch nicht aus den Erfordernissen einer angemessenen Funktionsanpassung an moderne Bedürfnisse, sondern durch mangelndes Verständnis für den überlieferten Bestand und willkürliche Imitation falscher Vorbilder.

Dabei spielt die Vorliebe für die ästhetischen Erkennungscodes regionaltypischer Bauweisen und ihre romantisierende Umdeutung zu Symbolen intakter Sozialbeziehungen und dörflicher Geborgenheit eine entscheidende Rolle. In Wirklichkeit waren die beliebten historischen Gestaltungselemente aber Ausdruck praktisch konstruktiver Notwendigkeiten, die weit mehr von den verfügbaren Materialien, den wirtschaftlichen und handwerklichen Möglichkeiten bestimmt wurden als von einem raffinierten ästhetischen Kalkül. So ist die historische Dachneigung ein ausgewogener Kompromiß zwischen den Anforderungen der Wasserableitung, der Form und Befestigung des verfügbaren Deckungsmaterials und den üblichen Nutzungsansprüchen im Dachraum. Die Legschindeldächer des Alpenraumes mußten eine flachere Neigung haben als die Stroh- oder Pfannendächer am Niederrhein, weil das schwere Material nur so auf dem Dach gehalten werden konnte. Die eingängige Ästhetik alter Fachwerkbauten ist vor allem das Ergebnis einer wirtschaft-

Abb. 10 — Vettweiß, Küchengasse 10
Sorgfältige Instandsetzung eines histor. Fachwerkhauses mit Dorferneuerungsmitteln

lich und technisch durchdachten Konstruktion, kleine Fenster sind Ausdruck für den Zwang zum Haushalten bei der Beheizung, und enge Sprossenteilungen verweisen auf die unerschwinglichen Kosten größerer Gläser.

Wie wenig selbstverständlich der Umgang mit den Restbeständen bodenständiger dörflicher Kultur heute ist, zeigt sich besonders deutlich an der seit 1961 laufenden Wettbewerbsaktion „Unser Dorf soll schöner werden", die im Wesentlichen von Eigeninitiativen der Dorfbewohner getragen wird. Trotz situationsbezogener Fortschreibung der Programme und fortlaufender Beratungen wird den

Bewertungskommissionen auch von langjährigen Teilnehmerorten immer wieder eine Fülle gut gemeinter „Verschönerungen" präsentiert, die gebaute und gewachsene Tradition durch hilflos verhübschende Maßnahmen entstellen und entstandene Lücken durch eine synthetische Ersatzidentität aufmöbeln. Dabei sind die allseits beliebten und bewunderten Massenartikel folkloristischer Kitschausstattung die bevorzugten Gestaltungsmittel. Absurd gestaltete Baumstammbrunnen, niedliche Beschilderungen im Gartenzwerglook, verkrampft originelle Blumenkübel und pervertiert rustikale Zäune verleihen historischen Orten das anscheinend beglückende Flair einer Disneylandkultur des Dorfes. Solche Verfälschungen historischer Situationen mag man noch hinnehmen, solange sie die historische Substanz nicht beschädigen und mit Mitteln betrieben werden, deren Vergänglichkeit oder leichte Veränderbarkeit späteren Bereinigungen nicht im Wege steht.

Die nostalgisch ästhetische Umdeutung sozioökonomisch bedingter bäuerlicher Kulturzeugnisse beinhaltet aber auch eine ernsthafte Bedrohung für den Bestand. Wer in den Zeugnissen bäuerlichen Wirtschaftens und Lebens vor allem ästhetische Objekte sieht, wird sie auch nicht als unveränderliche Zeugnisse der Geschichte behandeln wollen, sondern unter dem Aspekt ihrer formalen Wirkung. Damit ist modisch geschmäcklerischen Eingriffen Tür und Tor geöffnet. Erhalten wird nur, was gefällt. Was den eigenen Ansprüchen nicht genügt, wird vernichtet oder den privaten Vorstellungen angepaßt. Die originale Kölner Decke wird abgenommen, weil sie dem modischen Ideal roher rustikaler Balken widerspricht, schlichte Fensterfaschen werden durch ortsfremde ornamentale Umrahmungen ersetzt, wie man sie an anderer Stelle im Urlaub gesehen hat, und anstelle des „unerträglich" einfachen Bretterzauns tritt eine verkünstelte Kitschkonstruktion aus Wagenrädern. Für Liebhaber steht ein Repertoire seriell gefertigter rustikaler Bauteile und eine Auswahl kompletter Bauernhäuser in den bevorzugten Stilrichtungen zur Verfügung. Inzwischen hat die rücksichtslose Anwendung dieser Typen den Regionalismus, dem sie ihr Entstehen verdanken, bereits weitgehend nivelliert.[11]

Die Sucht nach der pittoresken Protzarchitektur standardisierter Historismen verbindet sich in den meisten Orten mit einem kleinkarierten Modernismus, der seine Idealvorstellungen aus dem indifferenten Gemisch suburbaner Vorortsiedlungen bezieht. Dabei geht allemal die Baufreiheit über alles. Was in vielen Städten immerhin in Einzelbeispielen zu finden ist, nämlich zeitgemäße Neubauten, die sich in eine vorhandene Situation harmonisch einfügen, sucht man auf den meisten Dörfern vergebens. Der neue Bau-Darwinismus kennt weder die Berücksichtigung alter Fluchten, noch Anpassung der Baukörper, Dächer, Öffnungen und Materialien. Auch die Vorgärten werden nach städtischem Vorbild mit pflegeleichtem Pflanzgut aus dem Garten-Center versehen und das private Territorium mit den Duftmarken einer individuellen Umzäunung demonstrativ gegen die sogenannte Dorfgemeinschaft abgesichert.

Die eingespielten Mechanismen der Dorfzerstörung sind sicher am wirksamsten zu bekämpfen, wenn es der Denkmalpflege gelingt, den Betroffenen endlich bewußt zu machen, mit welchen Verlusten kulturhistorischer Werte sie die Vereinheitlichung und Verunstaltung ihrer Dörfer bezahlen. Es erstaunt immer wieder, wie schwer es den durch negative Assoziationen über die Rückständigkeit ihrer Orte beeinflußten Dorfbewohnern fällt, die historischen Eigenheiten und Qualitäten ihrer Umwelt zu erfassen. Die Bewußtmachung dieser Werte ist daher der erste Ansatz denkmalpflegerischer Arbeit auf dem Dorfe. Sie sollte regelmäßig auch jeder Dorferneuerung vorausgehen.

Das Material für eine verständnisvollere Auseinandersetzung mit den überlieferten Landschafts- und Baustrukturen muß freilich erst (durch qualifizierte Planer) erarbeitet werden. Die heute allgemein üblichen Bestandsaufnahmen, die zwar die Baudenkmäler kartieren, sich im übrigen aber auf ästhetische Charakterisierungen und Beurteilungen beschränken, werden den zugrunde liegenden Kulturwerten nicht gerecht. Nur durch eine eingehende Untersuchung der geschichtlichen Entwicklung kann es überhaupt gelingen, herauszufinden, in welchen historischen Gestaltungselementen der Landschafts- und Gebäudestrukturen die wesentlichen politischen, wirtschaftlichen und kulturellen Einflüsse bis heute erkennbar geblieben sind. Nur durch ausreichende Information über die historische Dimension des Bestandes kann es gelingen, subjektiv-modische Bewertungsaspekte soweit auszuschließen, daß ästhetisch formale Mißdeutungen weitgehend ausgeschlossen werden. Damit würde auch den vorstädtisch-konfektioniert-folkloristischen Leitbildern der Planung weitgehend der Boden entzogen.

Abb. 11/12 — Mechernich-Hostel, 1900 und 1988, Dorferneuerung durch nutzlose verniedlichende Umwehrung des Dorfteiches?

In den meisten historischen Dörfern lassen sich trotz moderner Erweiterungen noch die wesentlichen topographischen Elemente feststellen, die für die einstige Auswahl des Siedlungsplatzes bestimmend waren. Gestaltungsmerkmale historischer Bewirtschaftungsformen, Flurgrenzen und gemeinschaftlich genutzte Flächen sind in rheinischen Dörfern nur noch selten klar ablesbar erhalten, lassen sich jedoch zumindest ansatzweise aus historischen Karten und Katasterunterlagen ermitteln und könnten durch entsprechende Berücksichtigung bei der Planung auch noch in ihren Rudimenten verständlich werden. Originale Dorfplätze wird man in den meisten rheinischen Dörfern vergeblich suchen, denn repräsentative öffentliche Freiflächen konnte man sich in der Regel nicht leisten. Für die soziale Gemeinschaft waren Brunnen und Backhaus von großer Bedeutung, daneben in vielen Fällen auch die Dorflinde. Den eigentlichen Mittel- und Höhepunkt bildete — soweit vorhanden — die Kirche.

Auch die baulichen Strukturen sollten nicht primär nach ästhetischen Kriterien ausgewertet, sondern auf ihre prägenden Faktoren hinterfragt werden. Dazu gehören ebenso sozioökonomische Aspekte der Ortsgeschichte, die etwa die Hierarchie unterschiedlicher Hof- und Gebäudegrößen bestimmt haben, wie auch die wirtschaftsfunktionalen Bedingungen für die Gestaltung der Höfe, sowie ihre Anordnung im Baubereich und ihre Beziehungen zur Feldflur. Untersuchungen über die Anwendung regionaltypischer Bauweisen erschließen die gegenseitige Abhängigkeit von üblichen Wirtschaftsnutzungen und Wohngepflogenheiten, von Materialvorkommen und Transportmöglichkeiten, von handwerklichem Können und technischem Spielraum im Laufe der geschichtlichen Entwicklung.

Historische Bestandsanalysen nach diesen Gesichtspunkten werden bisher nur selten oder nur in unzureichender Form durchgeführt, auch wenn Dorfentwicklungspläne oder Dorferneuerungspläne erarbeitet werden sollen. Die logische Folge ist eine individuelle, subjekiv formale Bestandsbewertung und eine von wechselnden Leitbildern bestimmte Planung. Oft lösen derartige, mit bester Absicht verfaßte Pläne Entwicklungen aus, die eine ernsthafte Beeinträchtigung des Dorfbildes oder gar weitgehende Zerstörungen alter Strukturen und Baulichkeiten zur Folge haben. Eine verantwortungsbewußte Dorferneuerungsstrategie darf sich im Interesse der unwiederbringlichen Werte der wenigen noch intakten Dorfensembles aber nicht allein auf ästhetische Intuition verlassen, sondern muß von einer möglichst umfassenden Kenntnis aller vorhandenen Werte, d.h. immer auch des historischen Bestandes ausgehen. Was in Altstadtquartieren längst als selbstverständliche Forderung gilt, sollte auch bei planerischen Vorhaben im Dorf akzeptabel sein. Nur so ist eine vertretbare Basis für nötige Eingriffe und eine substanzverträgliche Lenkung weiterer Entwicklungen möglich.[12]

Was für die Planung des Gesamtdorfes gilt, muß entsprechend auch bei der Sanierung von Einzelobjekten verlangt werden. Rein technische Schadenserhebungen reichen aber nicht aus, wenn es um größere Eingriffe an sehr alten Gebäuden geht, die im Laufe ihrer Geschichte mehrfach verändert worden sind. Nur wenn der Bestand der unterschiedlichen Entwicklungsstufen ausreichend bekannt ist, kann er bei der Planung und Ausführung angemessen berücksichtigt werden. Denkmalpfleger stellen immer wieder fest, daß die eingehende Auseinandersetzung mit der Substanz das Erhaltungsinteresse der Eigentümer weckt und bestärkt. Werte, die man kennt, werden nicht leichtfertig zerstört. Eine vorurteilsfreie Beschäftigung mit dem Bestand ergibt in vielen Fällen aber auch, daß sich die berechtigten Interessen an einer zeitgemäßen Nutzung ohne Zwang mit dem öffentlichen Erhaltungsanspruch verbinden lassen. Die verständnisvolle Vermittlung bei solchen Kompromissen gehört zu den wichtigsten denkmalpflegerischen Aufgaben, nicht nur auf dem Dorf.

Auch die gründlichste Bestandsuntersuchung und die sorgfältigste Planung werden zukünftige Verluste nicht ausschließen können. Was sie aber verhindern sollten, sind Zerstörungen aus Unkenntnis der vorhandenen Werte und die Beseitigung von ungenutzten aber wertvollen Gebäuden und Strukturen, die das Funktionieren des dörflichen Lebens überhaupt nicht behindern. Wir müssen uns damit abfinden, daß bei abnehmender Bevölkerung nicht jedes leerstehende Gebäude sogleich eine neue Funktion erhält. Viele Objekte wären möglicherweise zu retten, wenn wir den Mut hätten, voerst nur die dringendsten Notmaßnahmen für ihre Erhaltung durchzuführen und solche ungelösten Fälle der nächsten Generation zur weiteren Disposition zu überlassen. Die Geschichte der klösterlichen Architektur nach der Säkularisation ist ein gutes Beispiel dafür, daß auch große funktionslose Bauten durchaus Chancen haben können, weiter zu existieren, wenn man nur bereit ist, das Problem der Nutz-Losigkeit nicht gleich endgültig durch Abbruch zu lösen.

Der heutige Zustand des ländlichen Kulturerbes läßt uns allerdings keine Zeit zum Warten, bis auch der Letzte begriffen hat. Gefordert sind in erster Linie die Politiker in den Gemeinden, denen mit der Kommunalreform nicht nur die Zuständigkeit für die Lebensumstände auf dem Dorf, sondern auch die Verantwortung für das Erbe der historischen Dorfkultur zugewachsen ist. Sie sind aufgerufen, endlich den Mut aufzubringen, bei den wenigen noch gut erhaltenen Dorfensembles, Zerstörung, bauliche Unkultur und den Wildwuchs der Verkitschung einzudämmen, auch wenn es dabei Widerstände gibt. Langfristige Erfolge sind natürlich nur erreichbar, wenn es gelingt, die Eigentümer und Nutzer von Denkmälern

Abb. 13 — Vettweiß-Kelz
Verkitschung einer historischen Situation

von ihrer Verantwortung zu überzeugen. Deshalb sollte auch in Zukunft Beratung immer an erster Stelle stehen. Sie muß fortgeführt und intensiviert werden. Aber Substanzzerstörung und Beeinträchtigung aus Sturheit und Unverständnis dürften heute nicht mehr als Kavaliersdelikte hingenommen werden. Schließlich vertreten wir bei der Dorferhaltung nicht nur eigene Interessen, sondern sind auch Treuhänder für den Anspruch zukünftiger Generationen auf eine mehr als tausendjährige geschichtliche Überlieferung.

[1] Erich Weiß, Zur Entwicklung der landwirtschaftlichen Bodenordnung im Lande Nordrhein-Westfalen (= Veröffentlichungen der Akademie für Raumforschung und Landesplanung; Beiträge, Band 63) Hannover 1982, S. 10 ff

[2] Friedrich Ortloff, Die älteren Flurbereinigungen im Rheinland und die Notwendigkeit von Zweitbereinigungen (= Schriftenreihe für Flurbereinigung, Hrsg. Bundesinnenministerium für Ernährung, Landwirtschaft und Forsten), Longerich 1956, S. 17 ff

[3] Robert Mielke, Das deutsche Dorf, 2. Aufl. Berlin, Leipzig, 1913, S. 18. Mielke klagt: „Die Separation zumal hat in vielen Gebieten die Flurteilung völlig verwischt, die als Erbe einer uralten Vergangenheit noch im 18. Jahrhundert fast überall, Ende des 19. nur vereinzelt vorhanden war."

[4] Roland Gross/Elmar Wertz, Das Dorf, ein Anachronismus? In: Bauwelt 64/1979, S. 348

[5] Gesetz zum Schutz und zur Pflege der Denkmäler im Lande Nordrhein-Westfalen (Denkmalschutzgesetz) vom 11.03.1980, § 2

[6] Michael Kummer. Wider den Raubbau auf dem Lande. Zur Rolle der Denkmalpflege und des Denkmalschutzes im ländlichen Raum. In: Bauwelt 41/1987, S. 1530

[7] Richtlinien über die Gewährung von Zuwendungen zur Förderung der Dorferneuerung. Runderlaß des Ministers für Ernährung, Landwirtschaft und Forsten des Landes NRW vom 18.03.1983 — III B 3 — 228 — 27277

[8] Sabine Rosenbladt, Biotopia, Teil IV. In: Natur 12/1987, S. 58 ff

[9] Ina Maria Greverus, Gottfried Kiesow, Reinhard Reuter. In: Das hessische Dorf, Frankfurt 1982, S. 20

[10] wie Anm. 9, S. 68-80

[11] Jörg Schulze, Denkmalpflege und Nostalgie. In: Denkmalpflege in der Praxis (= Mitteilungen aus dem Rheinischen Amt für Denkmalpflege, Heft 6, 1984), S. 88

[12] s. dazu auch: Denkmäler und kulturelles Erbe im ländlichen Raum. Zur Bestandserfassung als Grundlage denkmalgerechter Ortserneuerungsplanung, S. 55 dieser Broschüre.

Dorflandschaften in der Nordeifel

Octavia Zanger

Im Süden des Rheinlandes bestimmen die Eifel und ihre Ausläufer mit bewaldeten Kammlagen, weiten Hochflächen, sanften Flußniederungen und ausgedehnten Ebenen das abwechslungsreiche Bild der Landschaft. Trotz Form- und Farbenvielfalt, trotz enger Vernetzung von Kultur- und Naturlandschaften lassen sich hier drei charakteristische Gebiete ausmachen, die ihre Ausprägung dem Zusammenspiel von topographischen und klimatischen Gegebenheiten verdanken:

— Die Voreifel, eine Landschaft, die den sanften Übergang bildet von der weiten, ebenen Börde um Zülpich und Euskirchen bis hin zu den leicht ansteigenden grünen Hängen der Nordeifel.
— Die Nordeifel, das Gebiet um Münstereifel, Schleiden und Blankenheim mit seinen rund gedrungenen Bergrücken und flachen weiten Flußniederungen.
— Im Gegensatz dazu die Landschaft um Monschau, deren schiefrige, oft schroffe Bergkämme und enge dunkle Flußtäler sich mit dem Eifelhochplateau und dem hohen Venn verflechten.

Von alters her gründeten die Bewohner dieser dünn besiedelten Region ihre wirtschaftliche Kraft, ihren sozialen Status und ihre kulturellen Errungenschaften auf ihre Arbeit und die Erträge aus Land- und Forstwirtschaft. Bis zum Anfang dieses Jahrhunderts ließ sich die Landschaft als ein stimmiges Zusammenspiel von Mensch und Umwelt — von Naturraum, Kulturfläche und Besiedlung verstehen. Die Qualität des Bodens, die Topographie, die Witterungsbedingungen bestimmten die jeweilige landwirtschaftliche Nutzung — es entwickelte sich folgerichtig daraus eine zweckmäßige Gehöftform, die wiederum ausschlaggebend war für die Dorfstruktur; Materialien am Ort bestimmten überdies das regionaltypische Erscheinungsbild des Dorfes. Ebenso facettenreich, wie sich die Landschaft der Nordeifel dem Betrachter darbietet, zeichnen sich auch die Dörfer in den jeweiligen Landschaftsteilen durch unverwechselbare charakteristische Eigenheiten aus.

Drei Dorflandschaften sollen beispielhaft den Reichtum und die Vielfalt dieser Kulturräume demonstrieren, die — und das darf an dieser Stelle nicht verschwiegen werden — durch frevelhaften Umgang ihrer Benutzer mit der dörflichen Bebauung, dem engeren Umfeld und der umgebenden Landschaft schrittweise ihre Eigenheiten und Qualitäten einbüßen — meist unwiederbringlich. Die ausgewählten Dörfer finden sich in den drei Landkreisen, auf die sich die Nordeifel verteilt. Nach der kommunalen Neugliederung der 70er Jahre wurden sie zu Ortsteilen der entsprechend zugehörigen Stadt:

— Niederkastenholz, Stadt Euskirchen, Kreis Euskirchen,
— Muldenau, Stadt Nideggen, Kreis Düren,
— Kalterherberg, Stadt Monschau, Kreis Aachen.

Niederkastenholz

Niederkastenholz liegt wenige Kilometer südöstlich von der Kreisstadt Euskirchen, beschaulich angelehnt an den sanft nach Norden fallenden Hang der Voreifel.

Umgeben vom Grün der Obstwiesen stellt sich der Ort in seinen charakteristischen Farben — schwarz-weiß — eindrucksvoll dem Besucher dar.

Die Entstehungsgeschichte des Dorfes reicht weit bis in die Zeit der römischen Besiedlung zurück. Der Laurentiusbrunnen, 1912 im Ort errichtet, gründet auf Resten einer römischen Brunnenanlage, die mit dem Bewässerungssystem der in der Nähe vorbeilaufenden römischen Wasserleitung nach Köln vernetzt war. Überdies konnten im Jahre 1967 durch das Rheinische Landesmuseum Fundamente einer römischen Villa in der Nähe des Brunnens ergraben und freigelegt werden.

Nach den Römern nahmen die Franken von der Region Besitz. Niederkastenholz wurde fränkisches Königsgut und kam später unter die Herrschaft des Pfalzgrafen auf dem Tomberg. In der 2. Hälfte des 11. Jahrhunderts — diese Zeit ist durch Urkunden belegt — gelangte Niederkastenholz an die Reichsabtei von Kornelimünster. Die Zugehörigkeit zu Kornelimünster bis zur Säkularisierung

Abb. 14 — Niederkastenholz. Blick auf den Ort von Norden

Abb. 15 — Fachwerkbebauung kennzeichnet die Niederkastenholzer Straße

bedeutete für das Dorf eine weitgehend friedliche Existenz in einer Region, die im Spannungsfeld territorialer Auseinandersetzungen zwischen den Erzbischöfen von Köln und den Grafen und Herzögen von Jülich lag.

Oberhalb des Laurentiusbrunnens am Westrand des Dorfes liegt die Laurentiuskapelle, weiß getüncht, anmutig an den Hang gebettet, vom Kirchhof umfaßt. Ihre Bauzeit fällt in die Anfänge des 12. Jahrhunderts. Bis heute konnte die kleine dreischiffige Pfeilerbasilika ihr Erscheinungsbild nahezu unverfälscht bewahren; so gehört sie zu den Kleinodien in der Reihe der Sakralbauten dieser Gegend. Nur wenige Jahrzehnte später entstand die Burg Niederkastenholz an der Ostflanke des Dorfes, erhöht gelegen. Als Winkelbau angelegt, mit Wassergräben umgeben und mit vorgelagerter dreiflügeliger Vorburg repräsentiert sie den Typus der rheinischen Wasserburgen. Ein Wehrturm des 12. Jahrhunderts, der älteste Gebäudeteil der Anlage, belegt die Gründungsphase der Burg.

Das Dorf entwickelte sich vermutlich in einem ersten Abschnitt entlang der Hauptstraße, heute Niederkastenholzer Straße, die von Osten nach Westen verläuft. Hier finden sich noch die ältesten Gebäude des Dorfes, die dem späten 16. bzw. frühen 17. Jahrhundert zugeordnet werden können. In der nachfolgenden Zeit bis hin zum Ende des 19. Jahrhunderts entwickelte sich das Dorf in südliche Richtung; Kreuz-, Saal- und Kirchstraße bilden mit dem ersten Drittel der Niederkastenholzer Straße ein Geviert, das mit Bebauung des 18. und 19. Jahrhunderts besetzt ist. Eindrucksvoll und signifikant überrascht der Ort durch seine recht geschlossene, einheitliche Fachwerkbebauung. Dicht aneinandergereihte dreiflügelige Hofanlagen formulieren den engen Straßenraum und künden vom Zusammengehörigkeitsbedürfnis der Bewohner. Der Gehöfttyp entspricht der Kleinform fränkischer Hofanlagen. Während sich die Gehöftform über Jahrhunderte kaum verändert hat, wurde die Fachwerkbauweise stets den neuen Entwicklungen angepaßt. Heute kann somit anhand der spezifischen Fachwerkdetails und konstruktiven Eigenheiten eine genaue Datierung der Objekte vorgenommen werden.

Der fränkischen Hofform zu eigen ist die räumliche Trennung von Wohnen und Wirtschaften. Zur Straße hin ausgerichtet befindet sich das Wohnhaus, dessen Erdgeschoßzone vor allem dem Wohnen der Hausgemeinschaft diente; Obergeschoß und Dachräume blieben früher vornehmlich dem Lagern und Speichern von Feldfrüchten vorbehalten. Eine überdachte oder überbaute Tordurchfahrt gibt den Zugang zum sonst geschlossenen Hof frei, in dessen Mitte sich oft auch heute noch der Mistplatz befindet. In den seitlichen Wirtschaftsflügeln, den Ställen, war das Vieh untergebracht, den rückwärtigen Hofabschluß bildete die Scheune, an deren Feldseite oft noch ein Schafstall angelehnt war. Hinter der Scheune bildet die Obst- oder Kälberwiese, die meist nicht breiter war als die Hofparzelle selbst, den Übergang vom Dorf in die freie Feldflur.

Die Fachwerkbauweise mit ihrer prägnanten Schwarzweiß-Zeichnung gehört hier zu den charakteristischen Merkmalen, die das Dorfbild im Voreifelgebiet bestimmen. Reicher Waldbestand lieferte allzeit das notwendige Eichenholz. Die Gefache wurden oft noch bis in die Mitte dieses Jahrhunderts hinein mit Lehm ausgefüllt, der auf ein Geflecht aus Eichenstaken und Weidenruten aufgebracht wurde. Im Gegensatz zu den reich verzierten Fachwerkgebäuden, wie z.B. im südlichen Eifelraum oder dem Moseltal, zeigt das Fachwerk hier ein schlichtes, lediglich von der Lastabtragung bestimmtes Bild, Dekor kommt nur selten zur Anwendung. Auf die Lehmgefache wurde meist ein weißer Kalkanstrich aufgebracht. Fenster und Türen sind klein und wurden, ohne das System zu verändern, behutsam in das Fachwerkgefüge eingebunden. Kleinformatige Holzsprossenfenster waren bekannt und wurden mit Schlagläden verschlossen. Strohgedeckte Dächer gibt es längst nicht mehr; seit der Jahrhundertwende wurden die Dächer mit den für diese Region typischen glasierten, schwarzen Hohlziegeln eingedeckt, die mit Hilfe von untergeschobenen Strohpuppen gegen Wind und Schneeflug abgesichert wurden.

Dem unvoreingenommenen Besucher stellt sich Niederkastenholz noch in weitgehender Unversehrtheit dar, jedoch fallen bei genauerer Betrachtung verunstaltende und störende fremde Details an den Höfen und ihrem Umfeld auf.

Neubauten, die sich außerhalb des Dorfkerns ausbreiten, beeinträchtigen mit ihrer Allerweltsarchitektur zwar nicht das alte Dorfbild im Innern, zerstören aber das spezifische Ambiente der Hofanlagen und verstellen den harmonischen Übergang des alten Dorfrandes in das freie Feld.

Neben dem Ackerbau verdankte Niederkastenholz in früherer Zeit seinen bescheidenen Wohlstand auch dem Weinbau, der einen guten Ruf im Rhein-Moselgebiet genoß. Heute sind in der Topographie keine Hinweise mehr zu finden, die den damaligen Weinanbau bezeugen könnten. Mehr als zehn landwirtschaftliche Anlagen betreiben derzeit im wesentlichen Ackerbau. Rüben- und Weizenfelder sprechen für den hier anstehenden guten Lößboden; umfangreiche Flurbereinigungsverfahren haben den großflächigen Anbau dieser Feldfrüchte möglich gemacht, dabei sind die alten Flurstrukturen vernichtet worden. Erste bescheidene Rückbaumaßnahmen versuchen die alte Feldgliederung wiederherzustellen. Im Gegensatz zu vielen anderen Dörfern im Rheinland hat Niederkastenholz wenig unter dem Veränderungsdruck der Nachkriegszeit gelitten. Wirtschaftliche und soziale Sicherheit führte erst in den letzten 10 bis 15 Jahren zur Landflucht und damit zur Aufhebung von landwirtschaftlichen Betrieben. Die daraufhin einsetzende Stadtflucht blieb nicht ohne Konsequenzen für das Dorf; verschiedene Höfe wurden von Städtern erworben, durchgebaut und mit neuem Leben erfüllt. Eine aktive Dorfgemeinschaft setzt sich seit einigen Jahren mit gutem Erfolg für die „Verschönerung" des Dorfes ein — geschmäcklerische „Individualismen" müssen dabei hingenommen werden. Die Arbeit der Denkmalpflegeämter steht hier noch am Anfang. Nach der flächendeckenden Inventarisierung des Denkmälerbestandes durch das Rheinische Amt für Denkmalpflege wird die Unterschutzstellung der denkmalwerten Objekte durch die Stadt Euskirchen schrittweise, aber zügig vorangetrieben.

Aus diesem Grunde sind nur wenige Hofanlagen in Niederkastenholz bisher vom Denkmalschutz erfaßt worden. Lediglich Burg und Kapelle wurden bei Instandsetzungsarbeiten durch das Fachamt betreut.

Bauliche Veränderungen auch an Bauwerken ohne Denkmalwert, angepaßt an die gängigen Standards und Modevorstellungen, greifen permanent das altbekannte Dorfbild an und verändern es zu seinem Nachteil. Die Ausweisung eines Denkmalbereiches oder die Erstellung einer Gestaltungssatzung könnten für Niederkastenholz hilfreiche Planungsinstrumente sein, das reizvolle Erscheinungsbild des Dorfes für die Zukunft zu erhalten.

Muldenau

Die zur Stadt Nideggen gehörende Dorfschaft Muldenau erhielt erst 1919 ihren heutigen Namen, nachdem der frühere Name „Pissenheim" aufgrund eines Ministererlasses getilgt worden war. Die geschützte Lage in der Talmulde des Muldenauer Baches begründet eine schon sehr frühe Besiedlung. Dies belegen zahlreiche Funde, die aus der Römerzeit datieren. Mauerreste und Brandspuren sprechen überdies für eine Besied-

Abb. 16 — Muldenau. Blick auf den Ort von Süden

lung in fränkischer Zeit, die sich unterhalb des Großberges erstreckt haben muß.

In mittelalterlichen Urkunden wird Muldenau erstmals 1334 als Pissenheim erwähnt, die Existenz der katholischen Pfarrkirche St. Barbara ist seit 1407 nachweisbar. Zunächst dem Jülicher Unteramte Nideggen zugeordnet, gehörte Muldenau 1670-1789 der Herrschaft Thum. Die Kirche St. Barbara war bis 1806 Filiale der Pfarrei Berg von Nideggen, wobei die Herren von Dreiborn das Kollationsrecht besaßen.

Obwohl Muldenau in seiner Geschichte oftmals unter den kriegerischen Auseinandersetzungen zwischen dem Herzogtum Jülich und Kurköln zu leiden hatte und auch im 2. Weltkrieg nicht verschont blieb, weist das Dorf ein nahezu vollständig erhalten gebliebenes historisches Ortsbild mit der typischen Bebauung einer Voreifelsiedlung auf. Keimzelle des Ortes sind die Pfarrkirche St. Barbara und die benachbarte Burg der Familie von Pissenheim, die 1270 erstmals urkundlich bezeugt ist — eine ursprünglich von Wassergräben umzogene Burganlage, die heute durch Erbtrennung in zwei Einzelhöfe aufgeteilt ist. Während der Kern des Hauses in die Zeit um 1500 datierbar ist, sind die übrigen Wohn- und Wirtschaftsgebäude dem 18. und 19. Jahrhundert zuzuordnen. Der Bereich um Kirche und Burg, die Schleife Barabarastraße, Brückenstraße, Pützgasse, beschreibt den historischen Ortskern mit der ältesten Bebauung vom 15. — 18. Jahrhundert, auch wenn später jüngere Nachfolgebauten an deren Stelle getreten sind. Die Besiedlung der Ulmenstraße vollzog sich im wesentlichen zum Ende des 18. und 19. Jahrhunderts. Wie anhand von historischen Katasterplänen und vor allem anhand des Tranchot-Müffling-Planes von 1806/07 nachweisbar, hatte Muldenau schon damals seine heutige Besiedlungsdichte weitgehend erreicht und dehnte seine Bauzonen nur noch geringfügig aus. Charakteristisch für das Ortsbild sind kleine mehrflügelige Hofanlagen, die oft noch auf die ehemals autarke Wirtschaftsform hinweisen, die Wohnhaus, Stall und Scheune, Backhaus und Schmiede in einem Hof vereinen. Diese locker aneinander gereihten Höfe, oft mit dem Nachbarhof durch seitliche Hausgärten verbunden, bestimmen durch ihre einheitliche Architektur das Erscheinungsbild von Muldenau. Wie Kirche und Burg sind weitgehend alle Hofanlagen aus Bruchsteinmauerwerk erstellt, einem braun-gelben Kalkstein, der in unmittelbarer Nähe des Ortes ansteht. Lediglich die ältesten Profanbauten im Ortskern, die in der Zeit um 1600 entstanden sind, zeigen Fachwerkkonstruktionen und lassen Schlüsse auf die ursprüngliche Bauweise zu.

Zum originären Umfeld der drei- oder vierflügeligen Hofanlagen, die dem Typus der fränkischen Hofform entsprechen, gehören Hausgärten sowie hinter den Scheunen rückwertig gelegene weite Obstwiesen, die an die Feldflur angrenzen. Dieses Prinzip von Gehöft und zugehörigem Umfeld hat sich bis heute nicht verändert, noch immer umschließt ein dichter Kranz von Obstwiesen das gesamte Dorf.

Bis zur Jahrhundertwende gehörten Flachs und Braugerste neben Getreide zu den bekannten traditionellen Feldfrüchten. Rund zehn landwirtschaftliche Betriebe bauen heute noch Weizen und Braugerste an, der kalkhaltige, steinige Boden läßt hier keinen intensiven Zuckerrübenanbau mehr zu.

In den 70er Jahren wurde auch im Bereich Muldenaus ein Flurbereinigungsverfahren durchgeführt. Kleinteilige, durch Strauchwerk und Hecken markierte Feldparzellen wurden aufgelöst zugunsten großflächiger Feldfluren. Lediglich entlang des Muldenauer Baches und auf den Kuppen der Hänge blieb der natürliche Bewuchs erhalten; seltene Pflanzenstandorte konnten so überdauern. Heute sind Partien der Hangkrone unter Naturschutz gestellt.

Die jüngsten baulichen und städtebaulichen Entwicklungen geben zur Sorge um den Fortbestand der intakten Dorflandschaft Anlaß. Bauland im Dorf könnte nur zu Lasten traditioneller Hausgärten ausgewiesen werden. Die Nachkommen der älteren Bewohnerschaft von Muldenau drängen mit Wohnansprüchen auf eigener Parzelle an den Dorfrand — diverse Bebauungspläne sind schon in Vorbereitung. Mit der Anweisung von Bauland auf den das Dorf umschließenden Grundstücken, die heute noch von Obstwiesen bewachsen sind, wäre der erste Schritt hin zur unaufhaltsamen Zerstörung einer intakten historischen Dorfstruktur getan. Für die Bewohnerschaft scheint diese Entwicklung ohne Belang zu sein, denn seit langem bringen die Obstwiesen für die Eigentümer nur Arbeit und keinen Ertrag, das Ernten von oft altersschwachen Obstbäumen ist aus der Mode gekommen — an ein Auffrischen wird nicht gedacht.

Offensichtlich zeigt die jüngere Bevölkerung von Muldenau wenig Interesse für die zum Verkauf anstehenden alten Gebäude. Zunehmend öfter nehmen Stadtflüchtige aus Düren die leerstehenden Gehöfte in Besitz und bauen eine neue Existenz auf — diese Entwicklung führt zwangsläufig zu einer Veränderung der Sozialstruktur im Ort. Nur

Abb. 17 — Muldenau. Sicht auf die ehemalige Burg aus der Brückenstraße

drei Einheimische realisierten den Wunsch nach einem Eigenheim im Ortskern — bedauerlicherweise haben diese Gebäude nicht zur Abrundung des Erscheinungsbildes von Muldenau beigetragen. Im Jahre 1983, drei Jahre nach Inkrafttreten des Nordrhein-Westfälischen Denkmalschutzgesetzes, wurden vom Rheinischen Amt für Denkmalpflege die Grundlagen für eine Denkmalbereichssatzung erarbeitet. Gemeinsam mit der Stadt Nideggen konnte dann im Frühjahr 1984 eine Bürgerversammlung einberufen werden, die über die geplante Ausweisung und deren Auswirkungen für das Dorf und seine Bevölkerung informieren sollte. Die Bewohner von Muldenau reagierten auf die beabsichtigte Ausweisung als Denkmalbereich mit Empörung und Ablehnung.

So blieb die Arbeit der Denkmalpflege zunächst wieder auf die Betreuung von einzelnen Baudenkmälern beschränkt.
Erst mit Hilfe der Förderung aus dem Dorferneuerungsprogramm des Landes NW, betreut durch das Amt für Agrarordnung Aachen und das Rheinische Amt für Denkmalpflege, konnten in der Folge notwendige Instandsetzungsarbeiten an verschiedenen Objekten in Muldenau durchgeführt und gefördert werden, mit der Auflage verbunden, ortstypische Materialien und dorfbildverträgliche Bauteile zu verwenden. Ob sich dieses Dorf zukünftig in seiner alten Struktur erhalten läßt, hängt ausschließlich von der Einsicht und dem Willen der derzeitigen Bewohner ab. Viele von ihnen haben heute noch nicht erkannt,

Abb. 18 — Kalterherberg. Blick auf den Ort von Westen

Kalterherberg

Kalterherberg breitet sich über einen Höhenzug aus, der von den Bächen Rur und Perlbach kurz vor ihrem Zusammenfluß in das Eifelplateau hineinmoduliert wurde. Die Ausläufer der Hochmoorlandschaft des „Hohen Venns" reichen fast bis an die Ortslage heran. Höfe reihen sich an rund vier Kilometern Gemeindestraße beidseitig auf. Kalterherberg ist ein sogenanntes Waldhufendorf, zu dessen heutiger Form das hier früh festgelegte Erbfolgerecht entscheidend beigetragen hat, das jeweils dem ältesten Nachkommen den Hof zusprach; alle weiteren Nachkommen mußten sich am Ende des Dorfes ihre eigene Parzelle roden und urbar machen. Auf diese Weise bildete sich die typische Flurstruktur der bandartig von der Straße ins Hinterland führenden Parzellen, der Waldhufen, heraus. Die ersten Siedler waren vermutlich Kelten. Cäsar berichtet von den Eburonen, einem hier ansässigen Menschenschlag, der

welche kulturhistorische Bedeutung der Ort im Kreis Düren besitzt.

sich immer wieder gegen die römische Herrschaft erhoben hat, woraufhin sich die Römer zum Bau eines Kastells entschlossen hatten. Spuren aus dieser Zeit sind nicht nur in der Sprache wahrnehmbar, sondern auch in Bräuchen, wie z.B. der sommerlichen Dreijungfern-Kirmes, die sich von dem keltischen Ritus der Matronenverehrung ableiten läßt. Nach den Römern breiteten sich die Franken bis ungefähr auf die Linie Höfen-Kalterherberg von Osten kommend aus; dies ist heute noch in der Sprachgrenze zur Wallonie (Belgien) wahrnehmbar. Der fränkische geschlossene Vierteilhof ist hier allerdings nicht mehr überliefert, obwohl er existiert haben muß.

Die Entwicklung von Kalterherberg zu der noch heute erhaltenen Form setzt erst im 17. Jahrhundert ein. Schon 1550 bestand eine Lambertuskapelle, die vom nahegelegenen Kloster Reichenstein aus betreut wurde. 1693 erhielt die Kapelle einen neuen Turm, 1767 ein neues Langhaus. Heute wird das Dorf überragt von der doppeltürmigen dreischiffigen neuromanischen Basilika St.

Abb. 19 — Kalterherberg. Hohe Buchenhecken beschreiben den Verlauf der Ortsdurchfahrt

Lambertus (dem Eifeldom), die von weither sichtbar die Ortslage Kalterherberg markiert.

Von den zahlreichen historischen Höfen, die noch in den 20er und 30er Jahren erfaßt und dokumentiert wurden, sind nur noch wenige erhalten. Trotz der exponierten Lage des Ortes blieben größere Kriegsschäden aus, die Zerstörung der alten Hofanlagen setzte erst nach dem 2. Weltkrieg ein. Zu den charakteristischen Hofformen zählen das Venn- und das Eifelhaus. Beide Gehöfttypen sind Fachwerkbauten, nur die Kaminwand wurde in Massivbauweise erstellt.

Im Vennhaus sind alle landwirtschaftlichen Funktionen unter einem Dach vereint. Ein mächtiges Dach überspannt das breitgelagerte giebelständige Haus, dessen Wohnteil sich der windabgekehrten Seite zuwendet. Stall und Scheune schließen sich an, sind oft auch über den Küchenraum erreichbar. In seinem Aufbau geht das Haus vom Dach mit seinen Unterstützungen aus. Seitlich reicht das Dach zum Schutz des Hauses fast bis zum Erdboden, nur am Eingang zum Stall und an der Einfahrt zum Tennenraum ist die erforderliche Durchgangshöhe in die Dachhaut eingeschnitten. Die Lattung des Daches, auf der früher eine Strohdeckung, heute die Ziegeldeckung aufgelegt ist, liegt auf Sparren, die auf insgesamt 5 Pfetten ruhen. Alle Pfetten werden unmittelbar durch Pfosten unterstützt, die vom Erdboden bis unter die Pfette reichen und dort eingezapft sind. Der mittlere Pfosten, der in die Firstpfette einbindet, wird im Volksmund oft noch König genannt. Senkrecht zu den Traufseiten werden die Pfosten mit Hilfe von Spannriegeln ausgesteift; auf diese Weise bildet sich die Querteilung des Hauses in 4 Achsen heraus: das Wohnfach, der Stall, die Tenne und die Scheune.

Als zweiter Hoftyp ist der Eifelhof verbreitet, ein Winkelgehöft in Fachwerkbauweise, dessen Hofseiten stets dem Wetter abgewendet sind. Wie beim Vennhaus berühren auch hier die tiefgezogenen Dachflächen der Wetterseiten fast den Erdboden.

Den wesentlichen Unterschied zum Vennhaus zeigt das konstruktive Gefüge. Beim Eifelhaus findet die verbreitete Ständerbauweise Anwendung. Die Hauptkonstruktionsglieder sind die bis zum

Abb. 20 — Kalterherberg. Viele Hofanlagen haben ihr ursprüngliches Erscheinungsbild verloren

Dach durchgehenden Ständer, die jeweils paarweise mit durchgezapften Ankerbalken (Deckenbalken) miteinander verbunden sind. An den giebelständigen Wohntrakt des Eifelhauses schließt im rechten Winkel der Stall- und Scheunenflügel an. Die Fachwerkzeichnung wird durch die konstruktiven Erfordernisse bestimmt, schwarz-weiße Farbgebung ist auch hier überliefert.

Von der ehemals verbreiteten Strohdeckung blieben im Ort keine Beispiele mehr erhalten. Bekannt ist das Dorf wegen seiner eindrucksvollen haushohen Buchenhecken, die nicht nur an den Wetterseiten angepflanzt wurden, sondern häufig die kleinen Höfe gänzlich einhüllen und überdies Hof mit Hof verbinden und hierdurch in markanter Weise den Straßenraum gestalten. Weite grüne Wiesenparzellen, durch Hecken und Baumreihen eingefaßt, reichen bis an die Waldtraufen. Bodenqualität und Niederschlagsmengen ließen seit alters her nur Grünlandwirtschaft zu. Glücklicherweise wurde die Bodenneuordnung um Kalterherberg behutsam durchgeführt; so blieben die charakteristischen Waldhufen zumindest in Hofnähe erhalten. Auch eine Verstädterung des Dorfes blieb bis heute aus, die Abgeschiedenheit des Ortes und sein rauhes Klima mögen Ursache dafür sein.

Literaturhinweise:

Handbuch der historischen Stätten Deutschlands, Band 3, Nordrhein-Westfalen. Stuttgart 1970.

Justinus Bendermacher: Dorfformen im Rheinland. Rheinischer Verein für Denkmalpflege und Landschaftsschutz. Köln 1971.

Otto Klemm: Bauernhaus und -gehöft im Gebiet von Aachen und Umgebung und im Hohen Venn. In: Zeitschrift für Rheinische Heimatpflege (1935) S. 225.

Paul Clemen (hg.): Die Kunstdenkmäler der Rheinprovinz, Band 4,2 Rheinbach, Band 9,1 Düren, Band 11,1 Monschau. Düsseldorf 1898 ff.

Udo Mainzer, Octavia Zanger: Nördliches Rheinland. In: Deutsche Dörfer. Braunschweig 1982. S. 147.

Andreas Stürmer, Wolfgang Zahn, Octavia Zanger: Denkmalpflegerische Aufgaben im ländlichen Raum. In: Mitteilungen aus dem Rheinischen Amt für Denkmalpflege, Heft 7. Köln 1985. S. 79.

Louisendorf — eine planmäßige Dorfgründung im Rheinland

Eric Roth

Spricht man von Kolonistendörfern, die unter preußischer Verwaltung planmäßig angelegt wurden, so denkt man zunächst an die im 18. Jh. gegründeten Siedlungen östlich der Elbe. Das niederrheinische Louisendorf, das erst ab 1821 errichtet wurde, ist von der geplanten und gebauten Ortsstruktur her ebenso den Siedlungen der preußischen Innenkonolisation zuzuordnen. Im Unterschied zur absolutistischen Ansiedlungstätigkeit des preußischen Staates im Osten kam aber der Anstoß für die Gründung dieses Ortes nicht von der Regierung, sondern von den späteren Bewohnern.

Louisendorf (seit 1969 ein Bestandteil der Gemeinde Bedburg-Hau) ist eine Tochtersiedlung des Nachbarortes Pfalzdorf (Gemeinde Goch). Pfalzdorf wurde von pfälzischen Protestanten errichtet, nachdem diese 1743 die Genehmigung der preußischen Regierung erhalten hatten, sich auf der Gocher Heide niederzulassen. Da bei starkem Bevölkerungszuwachs die verfügbare Fläche nicht mehr ausreichte und die Gefahr bestand, daß die Höfe zu sehr zerteilt würden oder ein Teil der Bewohner auswanderte, überließ der preußische Staat 1820 jenen Pfalzdorfer Familien, die darum beim König nachgesucht hatten, einen Teil des Kalkarer Waldes zur Erbpacht. Die Kolonisten verpflichteten sich, auf der Rodung ein neues Dorf zu errichten und dabei eine Reihe vertraglich festgelegter Auflagen zu erfüllen[1]. Der Ort wurde — auf Antrag der Siedler — nach der 1810 verstorbenen Königin Louise von Preußen benannt.

Das vorgesehene Terrain wurde planmäßig aufgeteilt, indem zuerst die Straßen und anschließend die einzelnen Grundstücke abgesteckt wurden. Am 23. Juli 1821 erfolgte die Verlosung der Parzellen[2]. Bis zum Herbst 1824 waren 41 Wohnhäuser fertiggestellt, 1831 bestand der Ort aus 118 Häusern[3]. Diese Zahl stieg in den nächsten Jahren auf 130, blieb danach aber weitgehend unverändert. Obwohl nach dem Vertrag zwischen den Kolonisten und dem preußischen Staat der Aufbau des neuen Dorfes bis 1826 beendet sein sollte, erreichte die Bebauung nie den ursprünglich vorgesehenen Umfang von 220 Häusern.

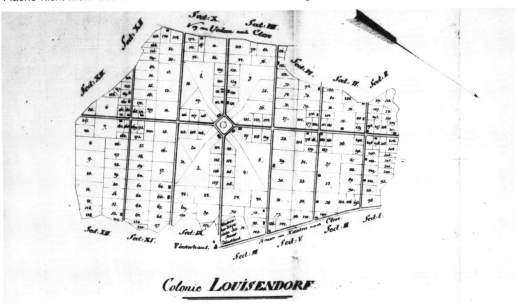

Abb. 21 — Louisendorf. Plan der Gesamtanlage mit Häuserbestand aus der Gründerzeit

Abb. 22 — Louisendorf. Louisenplatz mit Elisabethkirche

Der erste Plan für die Anlage des neuen Dorfes wurde 1817 vom Regierungsrat und Forstmeister Zimmermann entworfen und von der Königlich Preußischen Regierung in Kleve an König Friedrich Wilhelm III. zur Genehmigung weitergeleitet. In diesem ersten Entwurf wurden 172 Hofstellen (»Colonien«) vorgesehen[4]. Da sich im Laufe der folgenden Jahre weitere Familien um die Ansiedlung bewarben, änderte Zimmermann seinen Entwurf: Der im Hauptstaatsarchiv Düsseldorf aufbewahrte Plan von 1821 weist 221 Parzellen aus[5]. Dieser überarbeitete Entwurf bildete die Grundlage für den Vertrag zwischen der Preußischen Regierung und den Ansiedlern (ebenfalls in Düsseldorf hinterlegt) sowie für die Verteilung der Grundstücke[6].

Über die unregelmäßig begrenzte Gemarkung wurde ein rechtwinkliges Straßenraster gelegt. Die neu geplanten Straßen wurden dabei nur unvollständig an das überörtliche Verkehrsnetz (Straße von Uedem nach Kleve, alte Landstraße von Xanten nach Kleve, Straße von Goch nach Kalkar) angebunden; z.T. endeten sie an der Grenze der Gemarkung. Eine Längsstraße durchzieht das Gelände mittig von Südosten nach Nordwesten. Durch sechs rechtwinklig zu dieser Hauptstraße verlaufende Querstraßen wird es in Streifen annähernd gleicher Breite (172 Ruten bzw. 650 m) unterteilt. Diese Streifen wurden dann in Grundstücke von 10, 5, 4, 3 und 2 holländischen Morgen (1 holl. Morgen = 0,8563 ha) parzelliert. Zwischengrößen ergaben sich durch den unregelmäßigen Zuschnitt der Gemarkung. Die landwirtschaftlichen Flächen sind den einzelnen Höfen unmittelbar zugeordnet; es gibt keine Trennung zwischen Ort und Acker- bzw. Wiesen-/Weideflächen.

Nach dem Entwurf für das neue Dorf sollten jeweils vier Hofstellen eine sog. »Notnachbarschaft« bilden: Die Gebäude je zweier benachbarter Hofstellen sollten in der Nähe der gemeinsamen seitlichen Grundstückgrenze errichtet werden, ihnen gegenüber — jenseits der Straße — zwei weitere Höfe. Um diese regelmäßige Anordnung der Höfe zu ermöglichen, wurden auf beiden Seiten einer Straße möglichst Grundstücke gleicher Größe bzw. Straßenfront angeordnet. Auch die Stellung der Häuser auf den Grundstücken sollte einheitlich sein. Den Siedlern wurde die Auflage gemacht, ihre Häuser mit dem Giebel zur Straße und zwar 3 Ruten (11,3 m) von dieser zurückliegend zu errichten[7].

Abb. 23 — Louisendorf. Haus aus der Gründerzeit

Der Vertrag zwischen der Preußischen Regierung und den Siedlern sah darüber hinaus vor, daß wenigstens die Gebäude auf Grundstücken bis zu 10 holl. Morgen nach einer dem Vertrag ursprünglich beigefügten »Normal-Zeichnung« errichtet werden sollten. Die Häuser der Ansiedlungszeit sind dem Typ des niederrheinischen Hallenhauses zuzuordnen. Sie wurden aus Backstein gebaut und erhielten ein Pfettensparrendach mit stehendem Stuhl; Gebindeständer übernehmen die Funktion von Stuhlsäulen. Das Krüppelwalmdach wurde mit Ziegeln gedeckt. Der straßenseitige Giebel weist im Erdgeschoß vier Öffnungen auf, drei Fenster und eine Tür in einer der beiden mittleren Achsen; das erste Dachgeschoß hatte zwei, das zweite — mittig — eine Luke. Den vorderen Teil des Hauses nahmen die Wohnräume, den rückwärtigen die Wirtschaftsräume ein. Für die größeren Höfe (von mehr als 6 holl. Morgen) wurde bereits im Entwurf jeweils ein separates Wirtschaftsgebäude vorgesehen.

Die heutige Bebauung entspricht nur z.T. dem ursprünglichen Entwurf. Dabei muß berücksichtigt werden, daß die Gebäude bereits zur Ansiedlungszeit nicht immer an dem im Plan vorgesehenen Standort errichtet wurden und daß eine Reihe von Grundstücken unbebaut blieb, so daß nur an wenigen Stellen vollständige Nachbarschaften in der geplanten regelmäßigen Form entstanden[8]. Das Entwurfsprinzip ist aber deutlich ablesbar: Sämtliche Gebäude eines Hofes sind auf einem Teil des Grundstücks zusammengefaßt. Sie sind meist von einem »Baumhof« bzw. von Hecken umgeben und dadurch von den Anbauflächen abgegrenzt. Jeweils 2-4 dieser Einheiten sind räumlich zusammengefaßt (angrenzend bzw. gegenüberliegend). Diese Gruppen sind entlang der geradlinigen Straße mit weitem, z.T. regelmäßigem Abstand aufgereiht. Dazwischen liegen die den Höfen unmittelbar zugeordneten landwirtschaftlichen Flächen, die — mit Ausnahme einzelner Eingriffe seit den 60er Jahren unseres Jahrhunderts — von jeder Bebauung freigehalten wurden.

Im rechtwinkligen Straßennetz sind die Längsstraße (Hauptstraße) und die Hauptquerstraße (Pfalzdorfer Straße) durch ihre Breite, insbesondere aber durch die Gestaltung ihres Kreuzungspunktes hervorgehoben. Der etwa 5 ha große Louisenplatz, ein Quadrat von 60 Ruten (ca. 226 m) Seitenlänge, bildet den Mittelpunkt des Ortes. Im

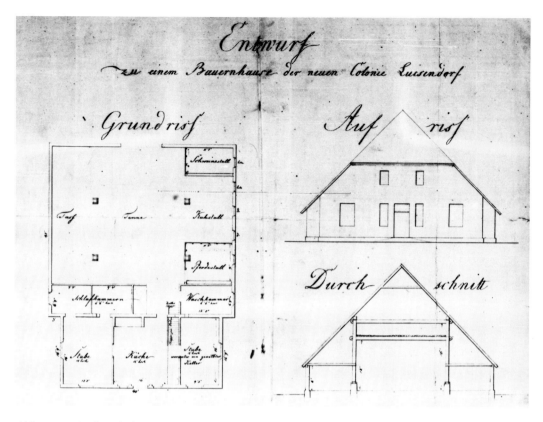

Abb. 24 — Louisendorf. „Entwurf zu einem Bauernhause der neuen Colonie Luisendorf"

Verhältnis zum rechtwinkligen Straßennetz sind seine Achsen um 45° gedreht: Die vier Abschnitte des Straßenkreuzes münden jeweils an den Eckpunkten des Quadrates in den Platz ein. Die Verkehrsfläche folgt dem Rand des Platzes; die Achsen werden als Fußwege fortgeführt, die die quadratische Grünfläche im Innern des Platzes entlang der Diagonalen unterteilen.

Auf einer Anhöhe in der Mitte des Platzes — und damit im Schnittpunkt der beiden Straßenachsen — wurde ein runder Hain zu Ehren der 1810 verstorbenen Königin Louise von Preußen angelegt. Er bestand — entsprechend den Lebensjahren der Königin — aus 34 Eichen. Nach dem Entwurf von 1821 waren sie in zwei Kreisen — einem äußeren von 18 und einem inneren von 16 Bäumen angeordnet. 1860/61 wurde anstelle des Haines die evangelische Elisabethkirche errichtet, die von neu gepflanzten Bäumen (Linden) umgeben wurde. Erst 1913 wurde die Innenseite der um den Louisenplatz führenden Straße mit ursprünglich 4 x 25 Linden bepflanzt.

Um den Platz wurden 8 Höfe angeordnet. Entsprechend der Bedeutung des Louisenplatzes als Mittelpunkt des Ortes sollten die größten Höfe (mit der größten Grundstücksfläche) am Platz liegen[9]. Danach hätte sich eine Platzanlage mit 4 Höfen angeboten. Statt dessen sah man 2 Höfe je Seite vor, wodurch der Platz stärker durch Gebäude begrenzt und als städtebaulicher Raum erfahrbar gemacht wurde. Dies hatte zur Folge, daß das einzelne Grundstück nur noch mit einem schmalen Abschnitt an den Platz grenzte. Die dahinterliegenden ausgedehnten Wirtschaftsflächen erhielten einen schiefwinkligen Zuschnitt, der ihre Bearbeitung erheblich erschwerte.

Durch die Überlagerung der beiden um 45° zueinander verschobenen rechtwinkligen Systeme von Straßennetz und Platzanlage erhielt man im zentralen Dorfbereich eine komplexe geometrische Figur, die sich — obwohl in sich symmetrisch — vom umgebenden orthogonalen Raster abhob. (Unregelmäßigkeiten in der Parzellierung ergaben sich aus dem Umstand, daß nur 5 Höfe von 20 holl. Morgen erforderlich waren, so daß 3 der großen Grundstücke weiter unterteilt werden mußten.) Nachteile für die Bewirtschaftung wurden in Kauf genommen.

Im gleichen Abstand zum Louisenplatz wurden auf der Längsachse zwei weitere, untergeordnete Schwerpunkte geschaffen: An der Kreuzung einer Querstraße mit der Hauptstraße wurden kleinere Parzellen angeordnet, was eine Verdichtung der Bebauung zur Folge hatte.

Entwürfe mit regelmäßigem Straßenraster und einem hervorgehobenen zentralen Bereich in Form einer geometrischen Figur sind kennzeichnend für Siedlungsplanungen in der 2. Hälfte des 18. Jhs., insbesondere im Rahmen der absolutistischen Siedlungstätigkeit in Preußen (Gebiete östlich der Elbe) und Österreich-Ungarn (Batschka, Banat). Die Anlage von Louisendorf wurde also — trotz des späten Gründungsdatums — in formaler Anlehnung an die Siedlungen der preußischen Kolonisation entworfen. Sie ist ein einzigartiges Beispiel für eine planmäßige Dorfgründung dieser Art im Rheinland.

Die Anlage des Straßennetzes mit dem Louisenplatz als Ortsmittelpunkt ist noch vollständig erhalten, das Entwurfsprinzip der »Nachbarschaften« deutlich ablesbar. Obwohl aus der 1. Hälfte des 19. Jhs. nur wenige Häuser erhalten sind und es sich bei den Gebäuden meist um spätere Ersatzbauten (in veränderten Proportionen) handelt, wurden die historische Gehöftform und der Haustyp des niederrheinischen Hallenhauses bis in die 50er Jahre dieses Jahrhunderts weitergeführt. Ihre bauliche Entwicklung ist durch die vorhandenen Gebäude umfassend und anschaulich dokumentiert. Aus diesen Gründen schlug das Rheinische Amt für Denkmalpflege kürzlich vor, Louisendorf in seinen historischen Grenzen als Denkmalbereich auszuweisen.

Literatur

Hans Peter Hilger: Die Denkmäler des Rheinlandes — Kreis Kleve, Bd. 5, Düsseldorf 1970

Jakob Imig: 150 Jahre Louisendorf, Werden und Wachsen eines niederrheinischen Kolonistendorfes, Kleve o. J. (1970)

Anmerkungen

[1] Contract abgeschlossen am sechzehnten Juny Achtzehnhunderteinundzwanzig mit den Erbpächtern der Colonie Louisendorf; Hauptstaatsarchiv Düsseldorf, Regierung Kleve, Nr. 531, f. 376—390.

[2] Brouillon Plan von Louisen Dorf, eines im Königl. Eichenwalde bei Calcar anzulegenden schönen Dorfes (Verteilungsplan mit Eintragung der Namen); HStA Düsseldorf, Karte Nr. 1369.

[3] Plan der Colonie Louisendorf (1823); HStA Düsseldorf, Regierung Düsseldorf, Nr. 1139, f. 32 u. 34.

Charte der Gemeinde Louisendorf, Bürgermeisterei Till, Kreis Cleve, Aufgenommen u. gezeichnet vom 20. Juni bis 12. Sept. 1831; HStA Düsseldorf, Karte Nr. 1370.

[4] HStA Düsseldorf, Regierung Kleve, Nr. 531, f. 3.

[5] Plan von Louisendorf, einer im Königlichen Eichenwald bei Calcar von Pfalzdorfern zu gründenden Niederlassung, nach dem Entwurf des Königl. Regierungs und Forst Raths Herrn Zimmermann, gezeichnet und abgesteckt durch den Bau Conducteur Blankenstein i. J. 1821; HStA Düsseldorf, Karte Nr. 321.

[6] wie Anmerkung 1.

[7] Reglement über das Verfahren bei Anlegung der Colonie Louisendorf und die darüber zu führende Aufsicht; HStA Düsseldorf, Regierung Cleve, Nr. 531, f. 417—418.

[8] wie Anmerkung 3.

[9] Die Häuser am Platz sollten auch „größer und besser" gebaut werden als die übrigen — s. HStA Düsseldorf, Regierung Kleve, Nr. 531, f. 242.

Die niederrheinische Bauernzeile in Schwalmtal-Lüttelforst

Ulrich Stevens

Lüttelforst — westlich von Mönchengladbach gelegen — begleitet über etwa zwei Kilometer das Flüßchen Schwalm auf dessen Nordseite. Der Ort ist eine von den Herren von Brempt im 10. oder 11. Jahrhundert gegründete Waldhufensiedlung. Die einzelnen Hofstellen erbaute man am Rand der feuchten Auewiesen, so daß man das Vieh aus dem Stall gleich auf die Weide treiben konnte. Eine schmale Straße — heute noch die einzig nennenswerte in Lüttelforst — trennt die Höfe vom verhältnismäßig steilen Hang der nächsthöheren Terrassenstufe. Auf dieser rodete man den Wald und legte die Äcker an, zu denen man durch eine Reihe von Hohlwegen gelangte. Diese Fläche wird auf alten Karten noch als „Lüttelforster Feld" bezeichnet. Jeder Hof lag also inmitten eines Streifens Land, der sogenannten „Hufe", zwischen der vom Wasserlauf begrenzten Weide und dem Ackerland. Die Hufen hatten am Niederrhein ursprünglich Längen zwischen 400 und 800 m. In einer späteren Rodungsphase wurden sie verlängert, allerdings ohne die Hufenlängen von durchschnittlich 2.500 m zu erreichen, die die Hufendörfer im deutschen Osten besaßen. Das Prinzip der Realerbteilung splitterte im Lauf der Zeit den Grundbesitz auf. In den ehemals freien Zwischenräumen entstanden weitere Hofstellen, ohne daß jedoch die Abfolge von Weide, Hof, Straße und Acker verändert wurde. Solche „Bauernzeilen" finden sich am Niederrhein häufig, doch nur selten so ausgeprägt und landschaftlich reizvoll gelegen wie in Lüttelforst.

Die idyllische Lage im Tal der Schwalm und die Nähe zu Mönchengladbach führten bereits zu Beginn des 20. Jahrhunderts zum Bau einiger Land-

Abb. 25 — Ausschnitt aus Blatt Nr. 48 „Wegberg" der Kartenaufnahme der Rheinlande durch Tranchot und von Müffling. Aufgenommen 1806. Original im Besitz der Staatsbibliothek Preussischer Kulturbesitz, Berlin (West)

Abb. 26 — Lüttelforst. Der zum reinen Wohnhaus ungenutzte Pluckenhof. Der hausnahe Obstgarten im Vordergrund liegt am Übergang zur Flußaue

häuser, die sich im Osten an den Ort anschließen, die aber wie die alten Höfe zwischen Straße und Flußaue liegen. Von ganz wenigen Bauten — wie Kirche und Schule — abgesehen wurde dieses Siedlungsprinzip erst nach dem Zweiten Weltkrieg durchbrochen, als auf das Land drängende Städter zahlreiche Einfamilienhäuser auch nördlich der Straße errichteten. So verwischte sich zwar das Ortsbild, blieb aber in wesentlichen Zügen bis heute erhalten. Das liegt zum einen an der topographischen Situation, die zwischen der feuchten Flußaue und dem verhältnismäßig steilen Hang zum Ackerland eine Bebauung nur entlang der Straße zuläßt. Zu dem geschlossenen Ortsbild trägt ferner die weitgehende Verwendung von Backstein auch an den Neubauten bei. Vor allem aber ist die vielfach sorgsame Pflege der historischen Bausubstanz zu nennen, die in erheblichem Maße zum besonderen Charakter Lüttelforsts beiträgt.

In der Mitte des Ortes steht auf halber Höhe über der Straße die dem Hl. Jakobus geweihte Kirche, ein Neubau von 1802 mit einer aus dem säkularisierten Zisterzienserinnenkloster Eppinghoven bei Neuss übernommenen Ausstattung des 18. Jahrhunderts (die Pfarre wurde 1255 gegründet). Ihr gegenüber liegt der Herbertshof, der hier als gutes Beispiel einer kontinuierlich gepflegten, auch heute noch landwirtschaftlich genutzten Hofanlage stehen soll. In die Denkmalliste eingetragen sind das stattliche Wohnhaus und der anschließende Torbau — beide aus dem 18. Jahrhundert. In den letzten Jahren wurden die Dächer neu eingedeckt. Das Torhaus erhielt eine neue Verschieferung, nachdem es sich lange mit einem Pappdach hatte begnügen müssen. Die regelmäßige Wartung dieses Daches durch den Pächter hatte aber Substanzschäden verhindert. Ursprünglich besaßen die Fassaden einen dünnen, ziegelrot gestrichenen Putz mit eingedrückten und vermutlich weiß ausgelegten Fugen; es ist beabsichtigt, dies eines Tages wiederherzustellen.

Die Landwirtschaft spielt in Lüttelforst heute kaum eine Rolle mehr; 1974 arbeiteten nur noch acht Prozent der Einwohner in der Landwirtschaft. Das

Abb. 27 — Lüttelforst. Der Herbertshof an der Hauptstraße. Gerade noch erkennbar sind links der Anstieg zum Ackerland und rechts die niedrig gelegene Flußaue

bedeutet eine große Gefahr für den Erhalt der Höfe, insbesondere für die nicht mehr genutzten Wirtschaftsgebäude, damit aber auch für den baulichen Charakter des Ortes. So diente auch der gleichfalls denkmalwerte Plückenhof am östlichen Ortseingang mit seinem 1807 datierten Wohnhaus und den beiden einen Vorhof bildenden Wirtschaftsgebäuden nicht mehr der Landwirtschaft und drohte zu verfallen. Durch den Verkauf an einen Städter konnte die Bausubstanz in diesem Fall gerettet werden. Der Hof ist heute nurmehr Wohnhaus, wobei die ehemaligen Wirtschaftsgebäude notwendige Nebenräume aufnehmen. Wer den früheren Zustand der Hofanlage kennt, mag den Verlust an Atmosphäre beklagen; aber die Alternative wäre auf die Dauer wohl nur der Abbruch gewesen.

Zu der wirtschaftlichen Gesamtheit des Ortes Lüttelforst gehörte ehemals auch eine Reihe von Wassermühlen entlang der Schwalm; so die Lüttelforster-, die Gennekes- und die Papelter Mühle. Ursprünglich dienten sie der Herstellung von Lein- und Rüböl. Seit dem Ende des 18. Jahrhunderts verdrängte jedoch die Baumwolle den Flachs, dann das Petroleum das Rüböl. Die Umstellung auf Getreideverarbeitung gelang nicht, und um 1900 hatte die letzte Mühle ihren Betrieb eingestellt; nur wenige überlebten als Gaststätten. Heute erinnern oft nur noch die Namen und die Lage der Gebäude, manchmal auch ein erhalten gebliebenes Wasserrad an diesen einst bedeutenden Wirtschaftszweig.

Die Wandlung Lüttelforsts vom Dorf zum Ausflugs- und Wohnort für nahegelegene Städte ist nicht aufzuhalten. Dabei besteht die Gefahr, daß der sogenannte „Pöseldorf-Effekt" eintritt, daß unter Um-, Be- und Ausnutzen des Historischen unter Verzicht auf Lästiges — wie Scheunen und Stallgebäude — etwas schickes Neues mit rustikalem Anstrich entsteht. Sollte dazu eines Tages der Plan verwirklicht werden, in der unmittelbaren Nähe von Lüttelforst eine Sondermülldeponie einzurichten, wird die „heile Welt" des Ortes vollends zum schönen Schein.

Denkmalbereich Alfter-Gielsdorf

Dieter Spiegelhauer

Das geschichtlich verdichtete Erscheinungsbild des ländlichen Raumes setzt sich — soweit es Siedlungsgebiete betrifft — aus dem Bild des durch Bodennutzung geprägten freien Landschaftsteiles und der Form der in sich geschlossenen Ortslage zusammen. Entwickelt aus der gegenseitigen Bedingtheit hat sich dieses Bild der Kulturlandschaft bis zum Ende des 18. Jahrhunderts nur unwesentlich gewandelt. Erst mit dem Beginn des 19. Jahrhunderts wird auch das charakteristische Siedlungsbild auf dem Lande infolge veränderter Arbeitsbedingungen in der Landwirtschaft, der Bevölkerungsentwicklung und durch Gewerbeansiedlungen stärker verändert. Insbesondere in der Nähe der heutigen Ballungsgebiete sind selbst im Falle erhaltener und im Kern gepflegter Ortsbilder die Dorfränder zerflossen und die anschließenden freien Flurlagen umgeformt oder im Siedlungsgemenge aufgelöst worden. Trotzdem haben sich aus unterschiedlichsten Gründen, die auch auf dem traditionellen Beharrungswillen und Widerstand einer Dorfgemeinschaft gegen von außen herangetragene Veränderungsprozesse der 1950er bis 1970er Jahre beruhen können, heute inselartig wirkende Dorflagen mit ihrem Umfeld auch in den Ballungsgebieten der Rheinschiene erhalten. Sie zeigen bedingt durch einen kontinuierlichen, aber zurückhaltend begleiteten Umformungsprozeß heute geschlossenere „Dorfbilder" als viele der von Landwirten entblößten, aber danach von Ortsfremden oft gegen den Willen der Verbliebenen abschnittsweise künstlich intakt gehaltenen Dörfer im sogenannten ländlichen Raum, deren landschaftsbezogene Umfelder sich zu einem vom Dorf unabhängigen Existenzraum verselbständigt haben.

Eine mit ihrem unmittelbaren landschaftlichen Umfeld erhaltene Ortslage wie Gielsdorf in der Gemeinde Alfter am Vorgebirgshang zwischen Bonn und Köln mutet deshalb eher wie eine vergessene Gewebestelle in dem alles abdeckenden Siedlungsband am Rande des Rheintales an.

Seit prähistorischer Zeit besiedelt, als römische Niederlassung herausgehoben durch die Lage am Hang des Vorgebirges mit der Übersicht über das Rheintal, 856 als fränkisches Königsgut nachgewiesen, mit dem ältesten Baubestand der Jakobuskapelle bzw. Burgkapelle mit Turm ausgezeichnet, mit mehreren sich bis ins 19. Jahrhundert entwickelnden ehemaligen großen Hofanlagen durchsetzt und durch die klimatisch begünstigte Lage mit bevorzugten Weinlagen versehen, hat Gielsdorf mit dem heiligen Jakobus als Schutzpatron der Winzer seit Jahrhunderten als reines Winzerdorf fortbestanden. Der Abhang des Vorgebirges war nahezu geschlossen durch Weingärten genutzt; über Jahrhunderte ernährte die Weinrebe die Bevölkerung, die mit dieser Bewirtschaftungsform zugleich das Siedlungs- und Landschaftsbild nachhaltig prägte. Innerhalb der alten Gemarkungsgrenzen beherbergte Gielsdorf sämtliche für eine Winzergemeinde notwendigen Nebenkulturen:

— Auf der Oberterrasse den Wald, der die erforderlichen Rahmen für die Rebstöcke, das sog. Stangenholz, lieferte sowie das Weideland zur Erzeugung der über die Tierhaltung in etwa sieben Jahresabständen vorzunehmenden Düngung der Weingärten.

— In der Hanglage die für die Anbauflächen der Rebstöcke bevorzugten Nord- und Ostlagen sowie im Zentrum der Gemarkung die entlang zweier sich windender, steiler Gassen den Hang hinauf staffelnden Gebäude der Höfe mit den für die tägliche Versorgung notwendigen Hausgärten.

— Schließlich in der Tallage zur Ergänzung Ackerbau und Viehwirtschaft auf den nährstoffreichen Lößböden.

Bereits ab dem ausgehenden 18. Jahrhundert macht sich allerdings der Rückgang des Weinbaus bemerkbar. Die Anbauflächen des einst so berühmten Gielsdorfer Weines, eines roten Burgunders, gehen bis 1809 auf ca. 23,33 ha, bis 1850 auf ca. 12,40 ha zurück und werden — beschleunigt durch die 1874 auch in den Bonner Raum eingeschleppte Reblaus — bis zur Jahrhundertwende ganz aufgegeben. Der letzte Weingarten im Vorgebirge wurde 1912 in Gielsdorf

Abb. 28 — Alfter-Gielsdorf. Denkmalbereich mit Freiraum

gerodet. Obwohl seitdem an dessen Stelle Sträucher- und Obstbaumkulturen sowie ein intensiver Gemüsebau getreten sind, ist das Orts- und Landschaftsbild in der engeren Umgebung des Dorfes Gielsdorf nach wie vor aus der Entwicklung der Weinkultur geprägt. So ist das Gegenüber von geschlossener Ortslage und unbebautem, bewirtschaftetem Landschaftsteil seitlich und unterhalb der Ortschaft — eben die bis zuletzt für den Weinbau genutzten charakteristischen Abflachungen im freien Gelände, um terrassenförmige Anbauflächen zu erzielen —, und die darauf bezogene Parzellierung der Grundstücke unverändert von Flurbereinigungen erhalten. Der Vergleich von Karten aus dem Beginn des 19. Jahrhunderts mit einer Übersichtskarte von 1877 und dem heutigen Ortsbild zeigt, daß außerdem die bauliche Struktur von Gielsdorf, der Verlauf und Charakter der Straßen und Wegesysteme und die zum Ortsrand und zur unbebauten Mittelzone hin angelegten und umhegten Hausgärten sich seit dem 18. Jahrhundert nur unwesentlich verändert haben.

Die Bemühungen um die Erhaltung dieser außergewöhnlich gut erhaltenen Gesamtheit mit dem durch eine Vielzahl denkmalwerter Gebäude zusätzlich ausgezeichneten Dorfbild, dem ungestörten Ortsrand und der aus den ehemaligen Weingärten hervorgegangenen Freizone um die Ortslage, können — neben der Eintragung einzelner baulicher Anlagen als Baudenkmale — wirksam am besten über eine Ausweisung als Denkmalbereich gemäß § 2 Abs. 1 DSchG NW unterstützt werden.

Vom Rheinischen Amt für Denkmalpflege ist der Gemeinde Alfter im Juli 1987 ein Gutachten übergeben worden, in dem außer der Begründung und einem historischen Abriß auch eine Abgrenzung des geschützten Bereiches herausgearbeitet ist.

Obwohl Gielsdorf seit Anfang dieses Jahrhunderts als letzter erhaltener charakteristischer Winzerort im Vorgebirge bezeichnet wird und seitdem von den Bewohnern, den Gemeindevertretern und der Denkmalpflege kontinuierlich erhebliche gemeinsame Anstrengungen zur Erhaltung getätigt wurden und das Rheinische Amt für Denkmalpflege in Fachbeiträgen für die Landes- und Gebietsentwicklungspläne mehrfach auf das übergreifende öffentliche Interesse an der Erhaltung der Gesamtheit hingewiesen hat, werden derzeit die letzten freien Zonen um die Ortslage eilig mit Bebauungsplänen überzogen.

Sollten sich dadurch die Chancen zur Verwirklichung der Satzung „Denkmalbereich Alfter Gielsdorf" bis zur Ablehnung durch Rat und Verwaltung vermindern, wäre ausgerechnet im Jahr der europäischen Kampagne für das Kulturerbe im ländlichen Raum das letzte bisher gerettete Winzerdorf im Vorgebirge zum Untergang im Gemenge eines nur noch von Zersiedlung geprägten ehemaligen ländlichen Raumes verdammt.

Abb. 29 — Alfter-Gielsdorf. Ortskern des Denkmalbereiches

Witzhelden — Probleme bei der Ausweisung eines Denkmalbereiches

Andreas Stürmer

Im Frühjahr 1982 wird das Rheinische Amt für Denkmalpflege von der Stadt Leichlingen, Rheinisch Bergischer Kreis, gebeten, einen „Satzungsentwurf" für einen Denkmalbereich im Ortsteil Witzhelden zu erstellen.

Die bis zur kommunalen Neugliederung 1975 für über 100 Jahre selbständige Bürgermeisterei Witzhelden ist zur Veranschaulichung historischer Entwicklungen vom ausgehenden Mittelalter bis in die Gegenwart hinein wie kaum ein zweiter Ort im Rheinisch-Bergischen Kreis geeignet.

Die Besiedlung der flachen Kuppe fand einen ersten Höhepunkt wohl im 12. Jahrhundert mit dem Bau einer eigenen Kirche und der Erhebung zur Pfarre um 1300 (1184 erste Erwähnung eines Ortes Witzhelden, 1235 erste Nennung der Kirche). Begünstigt wird die Besiedlung des Fleckens sicherlich durch eine Wegekreuzung: in ost/westlicher Richtung zwischen dem Oberbergischen und dem Rheinstrom, in nord/südlicher Richtung zwischen Solinger und Burscheider Raum; entscheidend beeinflußt wird sie durch den in geringer Entfernung nördlich gelegenen Rittersitz Bechhausen (heute aufstehendes Fachwerkgebäude im Kern entstanden um 1720). Eine Aufstellung aus der Zeit des mit vielen Zerstörungen und Plünderungen einhergehenden 30-jährigen Krieges nennt 16 Häuser für Witzhelden; gesicherte Erkenntnisse über das Alter der heute aufstehenden Gebäude liegen noch nicht vor; bei einigen ist anzunehmen, daß sie in Teilen ihres konstruktiven Gefüges noch aus jener Zeit stammen.

Abb. 30 — Witzhelden

Abb. 31 — Witzhelden

Die Lage der Siedlung auf dem Hügel und die gelungene Einbindung in das Bild der Bergischen Landschaft sowie die wichtigen Achsen sind vor Ort ebenso noch deutlich zu erkennen wie die innerörtliche Struktur des durch kleinere Handwerksbetriebe und einfache Hofanlagen geprägten Siedlungskerns. Neben der Kirche mit ihrem barocken Schiff, deren noch romanischer Turm den östlichen Abschluß des Marktplatzes darstellt, wird der gesamte Platz, der auch Kreuzungspunkt der beiden Hauptstraßenzüge ist, von teilweise verschieferten 2-geschossigen Fachwerkhäusern umschlossen, die sich mit ihren Satteldächern an der Ostwestachse ausrichten, welche sich zum westlichen Platzrand hin verjüngt. Durch schmale Gassen gelangt man vom Platz in die hinteren Bereiche mit teilweise in der Art alter Bauerngärten — mit Beeteinfassungen in Buchs und einfacher symmetrischer Anlage — gestalteter und genutzter Grünflächen; teilweise findet sich hier noch die 1 bis 1 1/2-geschossige einfache Fachwerkwohnbebauung ehemaliger Katen, die nicht an das Straßensystem angebunden sind. Obwohl die Gebäude teilweise stärker verändert und z.T. mit neuzeitlichen Baustoffen verkleidet sind, können sie noch Auskunft über Lebens- und Arbeitsverhältnisse spätestens seit dem ausgehenden 19. Jahrhundert geben. Umschlossen wird diese Zone durch eine fast umlaufende Erschließung, die ehemals die Hausgärten von dem obstbaumbestandenem Weideland trennte; trotz erheblicher Neubebauung seit 1945, teilweise insgesamt als Siedlung geplant, ist diese Grenzziehung noch in Teilen erlebbar. In großem Umfang erhalten haben sich diese Obstweiden, die wesentlicher Bestandteil bäuerlicher Wirtschaftsform waren, im nördlichen Bereich — dort erstrecken sie sich unmittelbar bis an den ehem. Rittersitz Bechhausen — und im Osten, wo sie durch einen Siefen — und von einem größeren wirtschaftlichen Betrieb — begrenzt werden; daran schließen teilweise ausgedehnte Felder an.

Trotz der erheblichen Erweiterung der Siedlung und des Straßenausbaus sind die strukturierenden Elemente, das Wechselspiel von unterschiedlicher Nutzung und Gestalt der Bebauung sowie der Freiflächen, erlebbar, sodaß das Anfang 1985 erstellte „Gutachten zur Ausweisung eines Denkmalbereiches Witzhelden" ausdrücklich Obstweiden und andere landwirtschaftlichen Flächen einbeziehen konnte und diese im Kreis nur selten noch in dieser Anschaulichkeit erhaltenen Flächen auch langfrisitg gesichert haben möchte; zu einem gleichen Ergebnis kommt ein im Auftrag des Amtes für Agrarordnung erstelltes Gutachten der Gesellschaft für Landeskultur, Bremen.

In der Erörterung des Gutachtens, in die auch der Kreis als Obere Denkmalbehörde einbezogen wird, wird deutlich, daß der überwiegende Teil der kommunalen Ausschuß- und Ratsmitglieder gerade an diesen Freiflächen bzw. an der beabsichtigten Sicherung derselben nicht interessiert ist; er sieht vielmehr hier eine unmittelbare Einengung der Ortsentwicklung und fürchtet mögliche negative Auswirkungen auf betriebliche und geschäftliche Erweiterungen und Neuansiedlungen, die über das Maß des bisherigen Einzelhandels hinausgehen könnten.

Erstes Opfer der sich bis März 1988 hinziehenden Beratungen — zuletzt unter Teilnahme der Obersten Denkmalbehörde — wird ein im Gutachten 1985 noch herausgestellter in seiner ursprünglichen Gestalt genutzter und erhaltener Bauerngarten. Ein wegen der sich hinziehenden Verhandlungen um die Bereichsabgrenzung eingeleitetes Unterschutzstellungsverfahren gem. § 3 DSchG als Einzeldenkmal konnte ihn vor der Zerstörung — nach dem Tode des Eigentümers — nicht mehr bewahren. Es scheint, als würde letztlich dem Willen der Kommunalpolitiker folgend nur der unmittelbare Dorfkern — der überwiegende Teil der Platzrandbebauung ist bereits als Einzeldenkmal förmlich unter Schutz gestellt und sein Erhalt somit langfristig gesichert — und die Bebauung entlang der östlichen Ausfallstraße als Denkmalbereich ausgewiesen, also nur einen Aspekt von „Dorfverschönerung" oder „Stadtbildpflege", nicht aber der Erhaltung der nur noch in wenigen Zeugnissen im Kreisgebiet ablesbaren dörflichen Siedlungsstrukturen Rechnung getragen.

Literatur:

Clemen, Paul: Die Kunstdenkmäler der Rheinprovinz, 3 Bd. II, Die Kunstdenkmäler der Städte Barmen, Elberfeld, Remscheid, Solingen und der Kreise Lennep, Mettmann, Düsseldorf. Düsseldorf 1894, S. 299 f.

Hinrichs, Hans-Werner: Leichlingen. Ein Lesebuch. Leichlingen 1978, S. 138 ff.

Erhaltung historischer Hofanlagen

Hennef-Lanzenbach

Dieter Spiegelhauer

Im landschaftlich reizvollen Hanfbachtal, einem Nebental der Sieg, liegt am Ortsrand von Lanzenbach eine ehemalige Fachwerkhofanlage mit einem bescheidenen zweigeschossigen Wohngebäude vom Ende des 18. Jahrhunderts und komplexen späteren Scheunen und Stallbauten. Die typische dörfliche Situation ist durch die Lage an einer Straßengabelung etwas beeinträchtigt. Aus der steilen Hanglage des Grundstücks ergeben sich außerdem die um ein ganzes Geschoß versetzten und nur begrenzt nutzbaren Freiflächen vor und hinter dem Gebäudekomplex.

Nach Aufgabe der Landwirtschaft wäre kaum ein Ortsansässiger bereit gewesen, einen Beitrag zur Erhaltung des Gehöftes zu fordern oder gar selbst zu leisten.

Erst die Übernahme durch ein Ehepaar aus der Stadt, die nach ihrer Lebenshaltung und den darauf begründeten Wohnvorstellungen sich die Beachtung von Umweltverträglichkeit und Rücksichtnahme auf die einfache aber typische ländlich-dörfliche Situation zum Ziele gesetzt hatten, brachte — in jahrelanger Mühe — die Rettung der denkmalwerten Anlage.

Dabei entstand nicht nur eine gerade wegen der umfangreichen Scheunen- und Stallgebäude großzügige und originelle Wohnanlage mit viel „Luft" und ausreichenden Nebenräumen; das

Abb. 32 — Hennef-Lanzenbach, Haus Neukirchen

Abb. 33 — Hennef-Lanzenbach, Haus Neukirchen. Hofanlage nach Umbau für Wohnnutzung

ehemalige Wohngebäude, das wie ein „Haus im Haus" von den Wirtschaftsgebäuden umklammert ist, ergab darüberhinaus eine abgeschlossene Einliegerwohnung. Die gesamte Gestaltung der Außenanlagen von der Wiederherstellung der befestigten Eingangsfläche unter breitem abgeschlepptem Vordach, den Vorgärten und Baumpflanzungen, der Nachbildung eines Bauerngartens bis zu der Hangbepflanzung wurde sorgfältig und mit eigener Hand nach Gesichtspunkten der Verträglichkeit und Integration in die landschaftstypische, ländlich-dörfliche Situation vorgenommen.

Selfkant-Tüddern

Lutz-Henning Meyer

Tüddern liegt nahe der holländischen Grenze und damit in dem Bereich, den die Alliierten Truppen im Zweiten Weltkrieg als ersten auf deutschem Boden einnahmen. Die heftigen Kämpfe dicht an der deutschen Grenze führten zur annähernd totalen Zerstörung des Ortes. Bis auf Reste der Kirche und der Hofanlage in der Kirchstraße 7 sind keine denkmalwertigen Objekte im ganzen Ort mehr erhalten. Bei dem Gebäude in der Kirchstraße 7 handelt es sich um eine der typischen vierflügeligen Hofanlagen des Selfkantes. Die Backsteinhofanlage ist durch Ankersplinte auf 1735 datiert. Sie besteht aus dem traufständig zur Straße errichteten zweigeschossigen Wohnhaus in drei Achsen, dessen Fenster mit Natursteinbänken und -stürzen ausgebildet sind. Löcher in den Fensterbänken und Ösen in den Stürzen nahmen ursprünglich Fensterläden auf. Ein weiterer Flügel der Hofanlage nimmt die ehemalige Küche und anschließend die Stallungen auf. An den Stall schließt sich die rückwärtige Scheune mit großem Durchfahrtstor an, hier folgt als abschließender vierter Flügel wiederum ein Stalltrakt. Von der Straße aus ist der Hof durch ein korbbogiges Tor befahrbar.

Im Jahre 1978 beabsichtigten die Eigentümer dieses Haus abzubrechen und durch einen fast identischen Neubau zu ersetzen. Der zuständige Denkmalpfleger lehnte den Abbruch des Gebäudes ab. Darauf folgten jahrelange Verhandlungen zwischen Eigentümern, Baubehörde und Landeskonservator. Mit den Verhandlungen war man

Abb. 34/35 — Selfkant-Tüddern, Gertrudisstraße 7. Die Hofanlage vor und nach der Instandsetzung

schließlich zeitlich in die Umordnung des Denkmalschutzes durch das Denkmalschutzgesetz geraten. Da den Gemeinden die Folgen der Eintragung noch nicht geläufig waren, fiel es sehr schwer das Objekt in die Denkmalliste einzutragen. Gleichzeitig lag dem Bauordnungsamt immer noch der Abbruchantrag der Eigentümer vor.

Schließlich konnten die Eigentümer doch noch dafür gewonnen werden, auf den Abbruch zu verzichten. Statt dessen wurde 1982 mit der Instandsetzung der Hofanlage begonnen. Die Fassaden wurden repariert, die Fenster des Wohnhauses erneuert, sämtliche Türen und Tore von zahlreichen Farbschichten befreit. Darüber hinaus wurden die Dächer instand gesetzt und mit den alten Ziegeln neu gedeckt. Die gesamte Maßnahme wurde von Seiten des Kreises Heinsberg, der Gemeinde Selfkant und dem Landschaftsverband Rheinland in dem für den Kreis Heinsberg üblichen Rahmen gefördert. Es ist im Wesentlichen dieser Förderung zu verdanken, daß sich die Maßnahme so positiv durchführen ließ, daß sie heute die Eigentümer mit Stolz erfüllt und daß es möglich ist, andern Denkmaleigentümern und Interessierten im Kreis die Adresse als Beispiel für die denkmalgerechte Instandsetzung einer Selfkant-Hofanlage anzubieten.

Zülpich-Bürvenich

Octavia Zanger

An der langen Dorfstraße von Bürvenich reihen sich zahlreiche Hofstellen auf, die Auskunft geben über eine fast 400-jährige Bautradition. Zu ihnen gehört das Anwesen Stephanusstraße 97, ein zweigeschossiges, traufständiges Fachwerkhaus einschließlich seiner überbauten Tordurchfahrt.

Im Schwellbalken, auf dem das Obergeschoß leicht überkragt, belegt eine Inschrift mit Datierung das Erbauungsjahr „1602". Seit Generationen befindet sich der Hof in den Händen der gleichen Familie — in regelmäßigen Abständen werden erforderliche Instandsetzungsarbeiten durchgeführt.

Die schadhaft gewordene Dacheindeckung aus der Nachkriegszeit mußte, bevor Zerstörungen des originalen Dachstuhles eintreten konnten, ausgetauscht werden. Bedauerlicherweise waren zur Bauzeit keine der hier üblichen schwarzen, glasierten Hohlziegel erhältlich, so daß entsprechende Hohlfalzziegel verlegt werden mußten. Auf allen Gefachen lag ein schädigender Zementputz, der durch einen zweilagigen glatten Kalkputz ersetzt wurde.

Abb. 36 — Zülpich-Bürvenich, Stephanusstraße 97

Abb. 37 — Zülpich-Juntersdorf, Astreastraße 35

Das Fachwerkgerüst zeigte keine Schäden und konnte für einen Neuanstrich vorbereitet werden. Drei Fenster des Erdgeschosses mußten überarbeitet und mit neuen Wasserschenkeln ausgestattet werden. Zugleich wurden neue Fensterläden angebracht, die nach dem Vorbild älterer, nicht wieder verwendbarer angefertigt wurden.

Zuletzt brachte man einen neuen Anstrich auf. Das Balkenwerk erhielt eine dunkelrote Farbe, die Gefache wurden weiß getüncht, Türen, Tore und Klappläden färbte man dunkelgrün.

Nur regelmäßige Wartungsarbeiten an alten Bauwerken gewährleisten den Fortbestand von baugeschichtlich wertvoller Substanz, die überdies zur Bewahrung des dörflichen Erscheinungsbildes einen wesentlichen Beitrag leistet.

Zülpich-Juntersdorf

Octavia Zanger

Nur wenige Ortslagen im Stadtgebiet von Zülpich konnten ihr ehemals intaktes Dorfbild bis heute bewahren — Juntersdorf, eine kleine Ansiedlung, die sich an den südwestlichen Hang des Neffelbachtales anlehnt, vermittelt mit seiner überwiegend „schwarz-weißen" Fachwerkbebauung noch den Eindruck eines „schönen Dorfes".

Kirche und Burg sind mittelalterliche Gründungen. Sie prägen die Silhouette von Juntersdorf gegen den Hang. Daneben bestimmen kleine mehrteilige Bauernhöfe, heute z. T. noch bewirtschaftet, das dörfliche Erscheinungsbild.

Städter drängen wegen der reizvollen Lage seit langem in den Ort, zahlreiche Höfe gingen in ihren Besitz über — so auch der Hof Astreastraße 35. Er gehört zu den größeren, vierseitig geschlossenen Anlagen und entstand in mehreren Bauphasen vom 18. bis 19. Jahrhundert.

Die neuen Eigentümer bezogen das zweigeschossige Fachwerkwohnhaus, dessen Giebel seit der Jahrhundertwende mit einer Backsteinwand verkleidet ist, obwohl die Vorgänger durch unsachgemäße Um- und Ausbauten sein Erscheinungsbild beeinträchtigt hatten.

Zunächst konzentrierte man sich bei den Instandsetzungsarbeiten auf die Reparatur und Umnutzung des straßenbegleitenden Wirtschaftsflügels, die überbaute Tordurchfahrt. Früher waren dort Milchküche, Werkstatt und Melkerwohnung untergebracht. In diesem Teilbereich entstand weitgehend in Trockenbauweise eine Einliegerwohnung ohne schwerwiegende Eingriffe in das konstruktive Fachwerkgefüge. Lediglich ein Fenster und eine Türe sollten von der Straße die Erschließung des Traktes gewährleisten.

Nach Abschluß der Zimmermannsarbeiten wurden verschiedene Gefache mit Ziegeln ausgemauert und verputzt, sodann der gesamte Komplex entsprechend der hier üblichen Farbgebung gestrichen und gekälkt.

Im Wohnhaus ließ der Eigentümer die fast neuen, aber unschönen Fenster des Vorgängers durch denkmalgerechte Sprossenfenster ersetzen und neue Schlagläden anbringen.

In den nächsten Jahren ist die schrittweise Verbesserung der Innenräume des Wohnhauses vorgesehen. Aber schon heute gehört der Hof, der an exponierter Stelle im Ort liegt, zu den Blickfängen im Straßenverlauf.

Finanzierungshilfen und Steuervergünstigungen für die Denkmalerhaltung auf dem Dorf

Jörg Schulze

Die Erhaltung von Baudenkmälern und anderen historischen Objekten belastet die Eigentümer oft mit erheblichen Kosten. Aufwendungen dieser Art sind aber keine nur private Angelegenheit; sie erfolgen auch im öffentlichen Interesse. Der Gesetzgeber hat deshalb eine Reihe von Förderungsmöglichkeiten und Steuervergünstigungen geschaffen, die den Eigentümern die Erhaltung erleichtern sollen.

Wie bei jeder öffentlichen Förderung setzt die Teilhabe an diesen Mitteln bzw. Vergünstigungen voraus, daß deren Zielsetzung und bestimmte Regeln bei der Beantragung und Bauabwicklung eingehalten werden. Bauvorhaben an Denkmälern, in deren unmittelbarer Nachbarschaft und in Denkmalbereichen bedürfen stets einer Erlaubnis der Unteren Denkmalbehörden (bei den zuständigen Gemeindeverwaltungen). Es liegt deshalb auch im Interesse der Eigentümer, frühzeitig das Gespräch mit diesen Dienststellen zu suchen, um abzustimmen, wie man die eigenen Bauabsichten mit dem öffentlichen Anliegen der Bestandserhaltung und den Möglichkeiten der Finanzierung am besten in Einklang bringen kann. Eine realistische Finanzierungsplanung ist ohnehin nur möglich, wenn zunächst eindeutig geklärt wird, welche Förderungsmöglichkeiten bestehen, und welche Eingriffe steuerlich begünstigt sind.

Während die gesetzlichen Steuervergünstigungen nun aber fest eingeplant werden können — auf sie besteht ein Rechtsanspruch — ist für die Förderung in allen Fällen noch ein besonderer Antrag nötig. Die Höhe der Zuwendungen kann erst sicher einkalkuliert werden, wenn ein Bewilligungsbescheid vorliegt. Bis zur Bewilligung ist im allgemeinen mit längeren Wartezeiten zu rechnen. Anträge sollten daher unter Beachtung der jeweiligen Fristen im Hinblick auf den vorgesehenen Baubeginn frühzeitig gestellt werden.

Wichtig ist, daß bei Vorliegen der entsprechenden Voraussetzungen Steuervergünstigungen und Beihilfen grundsätzlich auch nebeneinander für die gleichen Objekte bzw. Baumaßnahmen beansprucht werden können. Erhält ein Eigentümer eine Förderung aus öffentlichen Mitteln (z.B. Förderung zur Dorferneuerung oder Denkmalförderung), so muß er bei der steuerlichen Berechnung den Zuschußbetrag von den Gesamtbaukosten absetzen. Die Zuschüsse können aber auch den Einnahmen aus Vermietung und Verpachtung zugerechnet werden. Dann bleiben die baulichen Aufwendungen in voller Höhe abzugsfähig.

Dorferneuerungsprogramm

Die vielfältigsten Möglichkeiten zur Förderung historischer Gebäude und Ensembles auf dem Lande bietet sicher das Dorferneuerungsprogramm. Es ist in allen Orten und Ortsteilen anwendbar, deren Siedlungsstruktur durch Land- und Forstwirtschaft wesentlich geprägt wird, aber auch bei landschaftsbestimmenden Gehöftgruppen und Weilern. Gefördert werden Erhaltung und Instandsetzung von landwirtschaftlichen und ehemals landwirtschaftlich genutzten Gebäuden einschließlich der Wohnhäuser sowie die Umnutzung leerstehender oder freiwerdender historischer Wirtschaftsgebäude für Wohnzwecke und andere zeitgemäße Nutzungen, unabhängig davon, ob es sich um Baudenkmäler oder andere erhaltenswerte Objekte handelt. Dabei können neben der Außeninstandsetzung auch notwendige Maßnahmen im Inneren mit einbezogen werden.

Die Zuwendungen werden in Form nicht rückzahlbarer Zuschüsse gewährt und betragen 40 v.H. der Gesamtaufwendungen bis höchstens 30.000,— DM je Einzelvorhaben (in benachteiligten Gebieten bis zu 40.000,— DM). Die Beihilfen sind bei der zuständigen Unteren Denkmalbehörde (der Gemeindeverwaltung) zu beantragen, die die Anträge nach Prüfung und Abstimmung mit dem zuständigen Denkmalamt (Landeskonservator) an das Amt für Agrarordnung in Münster weiterleitet.

Eine Verbindung dieser Förderung mit gleichzeitig gewährten Denkmalpflegebeihilfen (s.u.) ist möglich. Kombinationen mit Zuwendungen aus anderen Förderungsprogrammen sind dagegen nicht zulässig.

Denkmalförderprogramm des Landes NRW

Zuwendungen aus dem Denkmalförderungsprogramm des Landes sind dafür bestimmt, Mehraufwendungen abzufangen, die Eigentümern durch die denkmalgerechte Ausführung notwendiger Erhaltungsmaßnahmen an Denkmälern entstehen. Dabei spielt es keine Rolle, ob diese Aufwendungen im Zusammenhang mit Sanierungen und Modernisierungen entstehen oder für sich durchgeführt werden. Förderbar sind aber nur solche Aufwendungen, die zur Sicherung, Erhaltung, oder Restaurierung eines Denkmals erforderlich sind. Als förderungsfähige Erhaltungsmaßnahmen in diesem Sinne gelten beispielsweise die erforderlichen Eingriffe für konstruktive Sicherungen an Mauerwerk, Fachwerkwänden und Dachstühlen, der Einbau von Horizontalsperren oder Drainagen gegen aufsteigende Bodenfeuchte und viele andere Maßnahmen zur Substanzsicherung einschließlich der zugehörigen Bestandsaufnahmen, technischen Untersuchungen und Dokumentationen.

Denkmalpflegemittel werden in Form nicht rückzahlbarer Zuschüsse gewährt. Die Höhe der Beihilfen richtet sich nach der historischen Bedeutung des jeweiligen Denkmals, dem erforderlichen denkmalpflegerischen Gesamtaufwand sowie nach der langfristigen finanziellen Belastung des Eigentümers und seiner Leistungsfähigkeit. Die Möglichkeit einer gleichzeitigen steuerlichen Abschreibung (s.u.) wird dabei mit berücksichtigt. Der durchschnittliche Fördersatz liegt bei etwa 30 % der denkmalpflegerischen Aufwendungen; je nach Lage des Einzelfalles ergeben sich aber auch höhere oder geringere Fördersätze.

Anträge auf Förderung aus Denkmalpflegemitteln des Landes sind im Vorjahr vor den beabsichtigten Baumaßnahmen bei den Unteren Denkmalbehörden (Gemeindeverwaltungen) einzureichen. Diese reichen die Anträge nach Prüfung an die Regierungspräsidenten weiter, die im Benehmen mit den Denkmalämtern (Landeskonservatoren) für die weitere Bearbeitung und Bewilligung zuständig sind.

**Denkmalpflegebeihilfen
der Kreise und Gemeinden**

Viele Städte, Gemeinden und Kommunalverbände (Kreise) sehen in ihren Haushalten Beträge für Beihilfen zu kleineren Denkmalpflegemaßnahmen vor. In der Regel werden diese Gelder zusammen mit den von den Gemeinden verwalteten Pauschalzuweisungen des Landes mit entsprechender Zweckbindung vergeben.

Die Förderungsvoraussetzungen entsprechen den Kriterien für die Vergabe der Landesmittel (s. oben). In der Regel gilt auch hier eine Begrenzung der Zuschußhöhe auf ein Drittel der denkmalpflegerischen Aufwendungen. Wegen der begrenzten Etatsummen sind diese Mittel allerdings eher für kleinere Vorhaben geeignet. Der Gesamtbeihilfebetrag ist im allgemeinen auf höchstens 10.000,— DM je Einzelmaßnahme beschränkt.

Interessenten können bei den zuständigen Unteren Denkmalbehörden erfahren, ob es in der Gemeinde bzw. in dem Kreis, in dem ihr Objekt steht, solche Zuwendungen gibt, welche Bedingungen im einzelnen an die Mittelvergabe geknüpft sind bzw. wo und in welcher Form sie die Zuwendungen beantragen können.

**Förderprogramm des Landes NRW
zur Erhaltung des Wohnungsbestandes**

In diesem Förderprogramm wird das Erhaltungsziel mit sozialen und städtebaulichen Anliegen verbunden. Es ist daher nicht für jedes denkmalpflegerische Vorhaben geeignet, bietet jedoch gute Möglichkeiten, Maßnahmen zu fördern, die darauf angelegt sind, Denkmäler und andere historische Gebäude durch Modernisierung oder Ausbau einem zeitgemäßen Nutzungsstandard anzupassen und so ihre langfristige Existenzsicherung zu unterstützen.

Wegen seines sozialen Anliegens sieht das Programm für die geförderten Objekte feste Mietbindungen vor. Bei Eigenheimen und Eigentumswohnungen gelten in der Regel entsprechende Einkommensgrenzen. Hier gibt es jedoch einige Ausnahmen, die gerade für Denkmaleigentümer besonders vorteilhaft sind. Für die Modernisierungsförderung gelten Vorränge, nach denen Denkmäler und Gebäude in Denkmalbereichen in der Regel bevorzugt zu fördern sind. Eigenheime und eigengenutzte Eigentumswohnungen, die diesen Vorrang genießen, können ohne Einkommensbeschränkung gefördert werden. Beim Um- und Ausbau (Wohnungsbauförderung) darf die selbstgenutzte Wohnung des Eigentümers, der das vorgeschriebene Einkommen überschreitet, dann mitgefördert werden, wenn sie in einem Haus mit mindestens vier geförderten Wohnungen liegt.

Das Geamtprogramm gliedert sich in drei Stufen, die sich nach der Art der förderbaren Maßnahmen, nach der Höhe der anerkennungsfähigen Investitionssummen sowie nach der Förderungsart und Höhe unterscheiden.

1. **Modernisierung**

   Die Förderung der Modernisierung ist möglich für bauliche Eingriffe bei Baudenkmälern und anderen Altbauten, die den Gebrauchswert einer Wohnung nachhaltig erhöhen wie etwa Verbesserungen der Wasserversorgung, der sanitären Einrichtungen, der Schalldämmung, ferner für energiesparende Maßnahmen wie bestimmte Verbesserungen von Heizungssystemen und für den zugehörigen Instandsetzungsaufwand.

   Die zuwendungsfähigen Kosten betragen bis zu 900,— DM je m² Wohnfläche. Die Förderung liegt in der Regel bei 40 % der zuwendungsfähigen Kosten und wird als Kostenzuschuß gegeben. Anträge sind bei den zuständigen Gemeindeverwaltungen einzureichen.

2. **Um- und Ausbau (Wohnungsbauförderung)**

   Förderungsgegenstand der 2. Stufe des Förderungsprogramms zur Erhaltung des Wohnungsbestandes sind Umbau, Ausbau und Erweiterung von Mietwohnungen und Eigentumswohnungen, unabhängig von deren Denkmaleigenschaft. Die Förderung wird in Form von Baudarlehen und Aufwendungsdarlehen unterschiedlicher Höhe zu besonders günstigen Konditionen gegeben. Anträge sind bei den zuständigen Gemeindeverwaltungen zu stellen.

3. **Städtebauförderung**

   Die Anwendung dieser Förderungsart beschränkt sich auf Maßnahmen, die bereits mit Mitteln der Modernisierung (Stufe 1) oder des Um- und Ausbaus (Stufe 2) gefördert werden. Sie setzt ferner voraus, daß es sich um Gebäude von städtebaulichem Wert handelt, was bei Denkmälern in der Regel unstritig ist, oder daß es um Häuser geht, die in Sanierungsgebieten liegen oder in Bereichen eines gebietsbezogenen Programms zur Wohnumfeldverbesserung.

   Förderungsfähig sind die aus städtebaulicher bzw. denkmalpflegerischer Sicht notwendigen Mehraufwendungen, die die nach Stufe 1 förderbaren Höchstkosten der Modernisierung oder die nach Stufe 2 zulässigen Höchstkosten eines Um- bzw. Ausbaus übersteigen. So könnten nach diesem Programm etwa die vollen Mehrkosten für die von der Denkmalpflege verlangte Ausführung eines Daches mit Naturschiefer anstelle von Betonsteinen oder für den Nachbau historischer Holzfenster nach den Originalprofilen erstattet werden.

   Anträge für Städtebauförderungsmittel sind mit den Anträgen für die Modernisierungsbzw. die Um- und Ausbauförderung bei den Gemeindeverwaltungen einzureichen.

Steuervergünstigungen

Steuervergünstigungen haben gegenüber der Förderung durch Zuwendungen den Vorteil, daß sie nicht unmittelbar an die jährlichen Haushaltsansätze gekoppelt sind. Vergünstigungen bei den einzelnen Steuerarten wie Einkommensteuer, Grundsteuer, Erbschaftsteuer, Schenkungsteuer, Vermögensteuer und Umsatzsteuer können immer beansprucht werden, wenn die entsprechenden in den Steuervorschriften genannten Voraussetzungen erfüllt sind und dem Finanzamt nachgewiesen werden.

1. **Einkommensteuer**

   Erhöhte Absetzung von Herstellungsaufwand und Erhaltungsaufwand.

Für die Praxis der Gebäudeerhaltung haben die Möglichkeiten der erhöhten Absetzung von Herstellungskosten und Erhaltungsaufwand eine besondere Bedeutung. Die entsprechenden, in § 82 i und k der EStDV (Einkommensteuerdurchführungsverordnung) enthaltenen Vorschriften sehen vor, daß folgende Kosten besonders begünstigt werden:

— Herstellungskosten und Erhaltungskosten, soweit sie nach Art und Umfang zur Erhaltung und sinnvollen Nutzung erforderlich sind.

— Herstellungs- und Erhaltungskosten für Gebäudeteile und Maßnahmen in Denkmalbereichen, die zur Erhaltung des schützenswerten Erscheinungsbildes des Denkmalbereiches erforderlich sind, auch wenn es sich bei den Gebäudeteilen selbst nicht um Denkmäler handelt.

Herstellungskosten sind Aufwendungen, die im oder am Baudenkmal etwas Neues schaffen. Typische Herstellungsmaßnahmen in diesem Sinne sind etwa der Umbau eines bisher anders genutzten Gebäudes zu Wohnzwecken, der erstmalige Einbau einer Heizungsanlage oder der erstmalige Einbau sanitärer Installationen.

Als Erhaltungsaufwendungen gelten dagegen alle Kosten, die regelmäßig wiederkehren und die Wesensart des Grundstücks nicht verändern. Das sind vor allem Ausgaben für laufende Instandhaltungsmaßnahmen wie Anstriche, Ausbesserungen von Putz oder die Auswechslung schadhafter Fachwerkteile oder auch für die Neudeckung eines Daches, für den Ersatz abgängiger historischer Fenster und andere entsprechende Maßnahmen.

Die Abschreibung nach § 82 i und k EStDV kommt nur für Baudenkmäler in Betracht, die zur Erzielung steuerpflichtiger Einnahmen dienen.

Absetzung von Herstellungsaufwand

Kosten zur Erhaltung und Nutzung, die steuerlich als Herstellungsaufwand gelten, können mit 10 % jährlich bis zur vollen Höhe abgeschrieben werden. Bei Aufwendungen für selbstgenutzte Einfamilienhäuser ist dies aufgrund steuergesetzlicher Änderungen ab 1987 grundsätzlich nicht mehr möglich. Aufgrund einer Übergangsregelung können Aufwendungen, die bis Ende 1991 erfolgen, jedoch noch 10 Jahre lang mit jährlich 10 % wie Sonderausgaben vom steuerpflichtigen Einkommen abgezogen werden.

Absetzung von Erhaltungsaufwand

Erhaltungsaufwendungen an Denkmälern können aufgrund des § 82 k der EStDV nach Wahl des Steuerpflichtigen auf 2 bis 5 Jahre gleichmäßig verteilt bis zu ihrer vollen Höhe vom steuerpflichtigen Einkommen abgesetzt werden. Erhaltungsaufwendungen für selbstgenutzte Einfamilienhäuser fallen nicht unter diese Regelung.

Die Absetzungen von Herstellungsaufwand und Erhaltungsaufwand sind mit der Steuererklärung gegenüber dem Finanzamt geltend zu machen. Dabei muß dem Finanzamt eine Bescheinigung der Unteren Denkmalbehörde vorgelegt werden, in der die Denkmaleigenschaft, das Erfordernis der Aufwendungen für die Erhaltung und sinnvolle Nutzung des Baudenkmals sowie die abstimmungsgemäße Ausführung bestätigt werden. Die Ausstellung dieser Bescheinigung setzt zwingend voraus, daß die Maßnahmen vor der Ausführung mit der Unteren Denkmalbehörde abgeklärt wurden, und daß diese bei Änderungen, deren Notwendigkeit sich erst während der Bauarbeiten ergibt, erneut beteiligt wird. Die Initiative hierzu kann nur von den Eigentümern der Objekte ausgehen.

2. Außergewöhnliche Belastungen (§ 33 EStG)

Notwendige Ausgaben für die Erhaltung von Denkmälern, die weder Betriebsausgaben noch Werbungskosten sind und die aus den Denkmälern erzielten Einnahmen übersteigen, können u.U. auch als „Außergewöhnliche Belastung" anerkannt werden. Im Gegensatz zu der Regelung in § 82 i und k EStDV bezieht sich diese Möglichkeit nur auf die volle Absetzung der Ausgaben in einem Kalenderjahr. Ob es sich um Herstellungs- oder Erhaltungsaufwand im Sinne der Steuervorschriften handelt, ist dabei ohne Belang.

Auch bei der Absetzung als „Außergewöhnliche Belastung" ist dem Finanzamt eine Bescheinigung der Unteren Denkmalbehörde über das Erfordernis und die denkmalpflegerische Verträglichkeit der Maßnahmen vorzulegen. Eine frühzeitige Abstimmung mit der Gemeinde liegt deshalb im Interesse des Eigentümers.

Denkmäler und kulturelles Erbe im ländlichen Raum

Stellungnahme der Vereinigung der Landesdenkmalpfleger
in der Bundesrepublik Deutschland, im Frühjahr 1988
erarbeitet von der Arbeitsgruppe „Städtebauliche Denkmalpflege"

Beschreibung und Eingrenzung

Das kulturelle Erbe schließt alles ein, was Menschen geschaffen und womit sie ihre Umwelt geprägt haben. In den Denkmälern wird dieses Wirken unmittelbar anschaulich.

Früher wurden die kulturellen Leistungen im ländlichen Raum durch Landbau und Landleben bestimmt. Sie standen in Spannung zur städtischen Kultur, die sich gegen die ländliche abgrenzte. Seit dem 19. Jahrhundert verloren die Unterschiede unter dem nivellierenden Einfluß der Technik und moderner Zivilisation an Bedeutung. Der Bauer, einst ein Stand mit eigener Lebensform in der ständisch gegliederten Gesellschaft, wurde zum Beruf unter anderen. Die Dörfer verstädterten, landwirtschaftliche Betriebe wurden vielfach ausgesiedelt. Die technisierte Landwirtschaft brachte neue Gebäudeformen hervor.

Heute wird das kulturelle Erbe im ländlichen Raum durch diese Vorgänge mehr und mehr bedroht. Die Baudenkmale und die überlieferten Siedlungsformen bedürfen des Schutzes und besonderer öffentlicher Fürsorge. Der Schutz ist in den Denkmalschutzgesetzen der Länder geregelt, der Fürsorge dienen auch die staatlichen Dorfentwicklungs- und Dorferneuerungsprogramme.

Die überlieferten ländlichen Siedlungen, die mehr oder weniger geschlossenen historischen Dörfer und die offenen Streu- und Einzelhofsiedlungen bilden mit den bewirtschafteten Flächen Funktionseinheiten. Auch wenn sich die Dorferneuerungsplanungen nur auf das bauliche Siedlungsgefüge und dessen Randbereiche beziehen, ist für das Verständnis ihrer geschichtlichen Bedeutung der Zusammenhang von Siedlungsform und Flurform entscheidend.

Wichtige Merkmale der materiellen Überlieferung im ländlichen Raum sind Zweckmäßigkeit und handwerkliche Herstellung. In den Gebäuden waren Wirtschaften und Wohnen aufs engste miteinander verbunden. Trotz wichtiger Architekturleistungen (z.B. Kirchen und Herrensitze) ist in der überlieferten ländlichen Kultur das Typische prägender als das Herausragende. Die Denkmalbedeutung ist deshalb nicht an der Qualität der Gestaltung, sondern am Zeugniswert des Gegenstandes für die Geschichte der ländlichen Kultur zu bemessen.

Denkmalpflegerische Grundsätze für den Umgang mit den Zeugnissen der Geschichte

Alle Denkmäler, ob reich oder schlicht, ob in der Stadt oder auf dem Land, sind als Zeugnisse einer umfassenden Kulturgeschichte in gleicher Weise im Respekt vor ihrer geschichtlichen Bedeutung mit fachlicher Sorgfalt und mit angemessenem finanziellem Aufwand zu behandeln.

An der geschichtlichen Bedeutung der Überlieferung orientieren sich alle Grundsätze der Denkmalpflege. Die Zeugnisse der Vergangenheit, die Spuren in der Landschaft, in den Siedlungen und an den Gebäuden sind zu bewahren, damit das kulturelle Erbe in seiner Originalität und als authentisches Zeugnis der Geschichte den nachfolgenden Generationen übergeben werden kann.

Die Denkmäler geben Zeugnis vom Zeitpunkt ihres Entstehens bis in die jüngste Geschichtsepoche. Deshalb sind die Begriffe Originalität und Authentizität für alle Bestandteile eines Denkmals gültig, gleichermaßen, aus welcher Zeit sie stammen, ob sie künstlerisch reich oder handwerklich schlicht gestaltet sind.

Die historischen Siedlungen und ihre Baudenkmäler stehen im Spannungsfeld zwischen Zeugniswert und sich wandelnden wirtschaftlichen Anforderungen, die letztlich deren Erhaltung ermöglichen. Sie müssen deshalb in ihrem überlieferten Zustand erforscht und instandgesetzt werden. Art und Maß ihrer Nutzung darf nicht im Widerspruch zur Denkmalbedeutung stehen.

Jede Instandsetzung bedeutet zugleich einen verändernden Eingriff in den Bestand. Neben der Reparatur von Schäden sind deshalb lediglich solche Maßnahmen vertretbar, durch die Gefährdungen und grobe Verunstaltungen beseitigt werden. Die Wahl der Materialien ist aus dem Bestand und deren handwerklicher Bearbeitung herzuleiten. Die zukünftige Reparierbarkeit muß gewährleistet sein.

Bestandserfassung als Grundlage denkmalgerechter Ortserneuerungsplanung

Ausgangspunkt der Erfassung, Beschreibung und Würdigung ist die Siedlung in ihrer gegenwärtigen Gestalt. In einer Bestandserfassung sind die Spuren der Geschichte in der Siedlung selbst, an den Gebäuden und im landschaftlichen Umfeld darzustellen.

Die Bestandserfassung geht allein von dem bestehenden Zustand aus und ist weder an bestimmten Sanierungskriterien noch an einem fiktiven Planungsziel zu orientieren. Diese Forderung ist von besonderer Bedeutung, weil nur durch die ständige Bezugnahme auf den realen Bestand der Siedlung sowohl auf den Planungsablauf wie auch auf das Erneuerungskonzept eingewirkt werden kann.

Arbeitshilfen

Die nachfolgende Aufzählung von Gesichtspunkten der Bestandsaufnahme und Ortsanalyse sowie von Fragestellungen soll allen an der Dorferneuerung Beiteiligten helfen, die geschichtliche Bedeutung der überlieferten Dorfkerne zu erkennen und zu berücksichtigen. Bei der Beschaffung, Aufbereitung und Interpretation von vertiefenden planungsbezogenen Informationen über den historischen Bestand beraten die Denkmalämter. Als Arbeitshilfe für Bestandsaufnahme und -analyse wird auf die Publikation von Richard Strobel und Felicitas Buch, Ortsanalyse, Konrad Theiss Verlag, Stuttgart 1986, hingewiesen.

1. Materialsammlung

— Beschaffung und Auswertung der vorhandenen Literatur (Kunstdenkmälerinventare, Denkmaltopographien, Ortschroniken, Kreisbeschreibungen, Zeitschriftenaufsätze; Hinweise dazu in den landeskundlichen Bibliographien der einzelnen Bundesländer).

— Beschaffung und Auswertung historischer Karten und Pläne.

— Beschaffung und Auswertung historischer Ortsansichten und alter Fotografien.

— Feststellung der denkmalwerten Bestandteile der Dorfstruktur (Bau- und Kulturdenkmale, Ensembles, Denkmalbereiche, Gesamtanlagen u.a.) im Untersuchungsgebiet durch Auswertung von Denkmalliste, Denkmalbuch, Denkmalverzeichnis und sonstigen Inventaren.

2. Bestandsaufnahme und Analyse

(Die folgenden Fragestellungen sind **nicht** als Gliederungspunkte im Rahmen von Dorfentwicklungsgutachten zu verstehen sondern als Arbeitshilfen zur Erschließung und Verdeutlichung der geschichtlichen Bedeutung zu untersuchender Dörfer.)

Topographie, Naturraum

— Welche topographischen Faktoren (Bodenformationen, Bodengüte, Oberflächenrelief, Bewuchs, Wege- und Gewässernetz usw.) haben Gründung und Entwicklung des Dorfes begünstigt und prägen das Siedlungsbild des Dorfes und seine umgebende Landschaft?

— Zeigen Feldflur und Naturraum noch die Strukturen älterer bzw. bis heute traditionell beibehaltener Bewirtschaftungsformen?

— Welches sind die prägenden Ansichten und Silhouetten des Dorfes?

— Wird das Dorfbild durch Baumaterialien aus Rohstoffen des umgebenden Naturraumes (Steinbrüche, Waldungen, Lehm-, Kies-, Sand-, Kalkvorkommen) besonders geprägt?

Ortsgeschichte

— Haben frühere Herrschafts- und Besitzverhältnisse Spuren hinterlassen, die die heutige Struktur und Gestalt des Dorfes prägen?

— Welche historischen Entwicklungen und einschneidenden Ereignisse wie Brände, Überschwemmungen oder Kriege haben das heutige Dorfbild wesentlich beeinflußt?

— Gab es Phasen reger Bautätigkeit infolge wirtschaftlicher Blütezeiten, neuer Techniken der Feldbestellung, Industrierealisierung oder Mechanisierung, deren Auswirkungen bis heute im Dorfbild ablesbar sind?

Siedlungstyp und Ortsbauentwicklung

(dargestellt anhand des Vergleiches historischer Karten und Pläne; nach Verfügbarkeit der Unterlagen sind möglichst die Zustände bei Erstvermessung (Anfang 19. Jh.), vor dem 1. Weltkrieg und um 1945/50 zu dokumentieren und mit dem heutigen Zustand zu vergleichen.)

— Wie entwickelten sich Dorfgrundriß, Wege- und Gewässernetz und Parzellenstruktur und wo haben sich historische Dorfränder erhalten?
— Wie entwickelte sich die Baustruktur z.B. durch Verdichtung, Änderung von Gebäudestellung und Höhe, Änderung von Haus- und Hoftyp u.a.?

Gebäudetypen und gestalterische Eigenarten

— Wo liegen die öffentlichen Bauten wie Kirche, Pfarrhaus, Schule, Rathaus im Dorfgefüge und durch welche gestalterischen Eigenarten zeichnen sie sich aus?
— Wie sehen die verschiedenen Haus- und Hofformen des Dorfes aus und durch welche Faktoren wurde ihre jeweilige Gestalt geprägt (Nutzungen, Wirtschaftsformen, Baumaterial, Bauweise, Konstruktion, Topographie, Gebäudestellung, Erschließung, Zuordnung von Wirtschaftsflächen, Bepflanzung u.a.)?
— Welche Gemeinschafts- und Sonderbauten sowie Bauten ländlichen Handwerks und Gewerbes wie Backhaus, Mühle, Speicher, Schmiede, Gasthaus gibt es? Stehen sie an charakteristischen Standorten und worin unterscheiden sie sich vom übrigen Hausbestand?

Baualter

— Welches war der Baubestand bei Erstvermessung bzw. Fortschreibung der Katasterkarten und welche Bauten haben sich davon bis heute — unter Umständen äußerlich verformt — erhalten?
— Wie alt sind die öffentlichen Gebäude und Sonderbauten im Dorf wie Kirche, Pfarrhaus, Schule, Rathaus, Backhaus u.a.?
— Welche Datierungshilfen zur genaueren Altersbestimmung gibt es an den Gebäuden im historischen Ortskern (Inschriften, Ornamente, zeittypische Baudetails, zeittypische Materialien und Konstruktionsweisen)?
— Welche sonstigen Datierungshilfen sind aus Archivalien, Büchern (Heimatliteratur), Bauakten, historischen Fotos, mündlicher Überlieferung zu erhalten?

Freiräume

— Welche Form und Gestaltung zeigen öffentliche Freiräume wie Kirchplatz, Dorfplatz und -straßen, Gartenstiegen und durch welche Faktoren wird ihr jeweiliges Erscheinungsbild geprägt (Sichtbezüge, Raumbegrenzungen, Bodenbeläge, Abgrenzungen, Übergänge, Begrünung, Wasserflächen, öffentliche Kleinbauten wie Brunnen, Bildstöcke u.a.)?
— Wodurch zeichnen sich private Freiräume wie Hausgärten, Obstwiesen, Wirtschaftshöfe aus (Einfriedungen, Bodenbeläge, Bepflanzungen u.a.)?

3. Zusammenfassende Bewertung

(Die Ergebnisse der historisch ausgerichteten Dorfanalyse sollen nach folgenden Gesichtspunkten zusammengefaßt und für alle Beteiligten und Betroffenen anschaulich dargestellt werden.)

Das Dorf in seiner Gesamtheit

— Welche Bestandteile des Dorfes mit seinen Wirtschaftsflächen und zugehörigen Landschaftsbestandteilen sind als beachtenswert bzw. schützenswert einzustufen, weil sie für die Dorfgeschichte wesentlich und für das Verständnis des heutigen Dorfbildes von Bedeutung sind?

Bauliche und gestalterische Eigenarten des Dorfes

— Welche baulichen Anlagen und ortsbildprägenden Elemente des Dorfes sind beachtenswert bzw. schützenswert, weil sie für die Dorfbaugeschichte wesentlich und für das Verständnis der heutigen dörflichen Hauslandschaft von Bedeutung sind?

4. Empfehlungen für die Planung

Die zusammenfassende Bewertung des Dorfes und seiner Elemente mündet in Empfehlungen, wie der historische Bestand unter Wahrung seiner Eigenart in die zukünftige Entwicklung des Dorfes eingebracht werden kann. Dies ist in alternativen Lösungen darzustellen. Ziel soll dabei sein, daß die historische Überlieferung als eine der wichtigen Grundlagen für die Zukunft des Dorfes im Dorfentwicklungskonzept wirksam wird.

Bildnachweis

Meyer Abb. 34, 35

Neukirchen, Abb. 32, 33

Rheinisches Amt für Denkmalpflege Abb. 4, 11, 21, 22, 23, 24, 25

Schulze Abb. 1, 2, 3, 5, 6, 9, 12, 13

Sölter, Abb. 28 (Freigabe RP Köln 71 V 482), 29 (Freigabe RP Köln 71 V 467)

Steinhoff Abb. 26, 27

Stürmer Abb. 30, 31

Wildemann Abb. 7, 8

Zanger Abb. 10, 14, 15, 16, 17, 18, 19, 20, 36, 37